2023年哈尔滨市社科联学术著作出版资助项目

邵文佳◎著

XINSHIDAI GUOJI ZHONGWEN JIAOSHI
GUOJI LIJIE SUYANG YANJIU

新时代国际中文教师国际理解素养研究

中国政法大学出版社

2023·北京

图书在版编目（ＣＩＰ）数据

新时代国际中文教师国际理解素养研究/邵文佳著.—北京：中国政法大学出版社，
2023.12

ISBN 978-7-5764-1267-3

Ⅰ.①新… Ⅱ.①邵… Ⅲ.①汉语－对外汉语教学－师资培养－研究 Ⅳ.①H195

中国国家版本馆 CIP 数据核字(2024)第 007788 号

出 版 者　中国政法大学出版社

地　　址　北京市海淀区西土城路 25 号

邮寄地址　北京 100088 信箱 8034 分箱　邮编 100088

网　　址　http://www.cuplpress.com (网络实名：中国政法大学出版社)

电　　话　010-58908285(总编室) 58908433 (编辑部) 58908334(邮购部)

承　　印　保定市中画美凯印刷有限公司

开　　本　720mm×960 mm　1/16

印　　张　11.75

字　　数　175 千字

版　　次　2023 年 12 月第 1 版

印　　次　2023 年 12 月第 1 次印刷

定　　价　55.00 元

目　录
CONTENTS

基础概念的界定

1.1. 国际中文教育

1.1.1. "国际中文教育"的学科溯源与发展历程

中国向世界传播语言文化的活动拥有悠远的历史，新中国成立伊始，我国在新的历史阶段的国际中文教育实践活动也随之开始。21 世纪以来，随着中国综合国力的大幅度增强，中国希望更好地了解世界，世界也希望更好地了解中国，由此，全球范围内掀起了中文学习的一股热潮。回顾我国国际中文教育实践活动和相关学科的发展历程可以看到我国的国际中文教育事业取得的巨大进步，也有助于我们充分认识"国际中文教育"作为一项事业的时代内涵。

新中国的国际中文教育实践开始于 1950 年，至今已有 73 年的历史。1950 年，清华大学在教育部的指导下，成立了"东欧来华交换生中国语文专修班"，专门教授来自东欧的保加利亚、匈牙利、罗马尼亚、捷克斯洛伐克、波兰等 5 个国家的留学生。1952 年专修班根据情况变化进行调整，转入北京大学，改名为"北京大学外国留学生中国语文专修班"，参与专修班的留学生的国别数量也持续增加。同年，我国开始向其他国家派遣在当地专门开展汉语教学工作的教师。从当时的情况来看，新中国的国际中文教育实践包括针对来华留学生的对外汉语教学活动及派出我国教师赴海外一些地区从事汉语教学活动两个方面，国内和国际的汉语教学工作都在新中国成立伊始就开始开展，这可以视为是我国国际中文教育事业的发起阶段。

从 20 世纪 80 年代我国高等教育中的国际中文教育学科建设开始，时至今日已经走过了 40 余载。在普通高等学校学科专业目录中最先出现的学科名称是"对外汉语教学"，之后在 2012 年该学科名称调整为"汉语国际教育"，后又演变成今天的"国际中文教育"。

需要注意的是，在本科专业目录与研究生专业目录中，"对外汉语教学"、"汉语国际教育"和"国际中文教育"这三个名称分别出现在不同的时间点，这是由于本科专业目录和研究生专业目录更新与调整的时间并不同步。作为高等教育工作的重要指导文件之一的《普通高等学校学科专业目录》由教育部不定期修订及发布，其中确定的专业名称是教育部指导高校学科专业发展的依据。整理不同时期发布的《普通高等学校学科专业目录》可以对国际中文教育学科名称的发展进行溯源性研究。

国际中文教育最初的名称是"对外汉语教学"，它是指针对外国人的汉语教学。从当时的现实情况来看，命名为此名称的主要目的是区别于"对内汉语"（即汉语作为母语）教学，这门学科从理论研究到实践探索，主要基于针对来华留学生的教学。我国对外汉语教学实践开始较早，但"对外汉语"这个学科名称得到官方的确认却较晚。1978 年 3 月，中国社会科学院召开北京地区语言学科规划座谈会。与会专家结合西方发达国家第二语言教学学科特点，研讨我国对外汉语教学理论研究和教学实践的发展状况，提出了"对外汉语教学是一门学科"的重要观点，从此正式启动了对外汉语教学作为一个专门学科的建设工程。自 1983 年起，北京语言学院（今北京语言大学）经教育部批准开始设置以培养对外汉语教师为主要目标的对外汉语教学专业。

经过一段时间的发展，自 1986 年起，北京大学和北京语言学院等高校开始了针对对外汉语教学方向硕士研究生的培养工作，但是此时"对外汉语教学"这个名称并没有在研究生学科专业目录里出现，相关培养被称为"对外汉语教学方向硕士"的培养。随着汉语教学事业的不断发展，海外学习汉语的人数迅速增加，我国高等教育中对外汉语教学学术型硕士研究生的培养已经满足不了国外对汉语教育专业教师的需求，培养更多合格的、能够满足汉语国际推广需要的汉语教师的任务迫在眉睫，这样的形势呼唤着高等教育汉语教育专业的改革。2007 年 1 月，国务院学位委员会召开第二十三次会议并通过了设置汉语国际教育硕士专业学位的决议。此后北京大学等 24 所高校开展培养汉语国际教育专业硕士研究生试点工作获得批准。三年的试点工作取得了良好的效果，2011 年教育部发布的《专业学位授予和人才培养学科目录》，"汉语国际教育"的名称正式确立。

2018 年 5 月，教育部在教育博士专业学位"学校课程与教学"领域下增设"汉语国际教育"专业博士方向。首批获得汉语国际教育博士研究生招生资格的学校包括北京大学、东北师范大学、华东师范大学、华中师范大学、南京师范大学、陕西师范大学、天津师范大学等 7 所高校。2019 年，"汉语国际教育"专业博士方向升格为领域，招生院校扩展到了 21 所。这意味着汉语国际教育高端人才培养和学科建设迎来重大发展机遇。此后，国务院学位委员会、教育部在 2022 年 9 月 14 日印发的《研究生教育学科专业目录（2022 年）》正式将该专业名称确定为"国际中文教育"，并列入教育学门类。此次增设的"国际中文教育"博士专业学位，为国际中文教育发展带来新的重要机遇。

2022 年 9 月，国务院学位委员会和教育部印发《研究生教育学科专业目录（2022）》，将原"汉语国际教育"专业学位类别更名为"国际中文教育"专业学位类别（代码 0453），"国际中文教育"正式成为教育学门类下与一级学科并列的专业学位类别。学科目录的调整，说明国际中文教育已成为一门具有完整理论体系、相对独立的、具有发展潜力的学科，且这一趋势已得到学术界的普遍认同。

从本科专业到硕士专业再到博士专业的最终确立，表明"对外汉语教学是一门学科"这一观点得到认可，也从一个专业角度推进了我国国际中文教育事业的快速发展。

1. 1. 2. 新时代语境下"国际中文教育"的内涵

回顾我国国际中文教育实践活动和相关学科发展走过的半个多世纪的历程，可以发现相关表述的逐步变化。厘清相关表述变化的动因，并结合新时代语境，有助于我们深入理解国际中文教育事业的真正内涵。

2018 年年初，中央全面深化改革领导小组第二次会议审议通过了《关于推进孔子学院改革发展的指导意见》。中央要求孔子学院深化改革创新，完善体制机制，优化分布结构，加强力量建设，提高办学质量。中央的指导意见体现了孔子学院和国际中文教育事业从关注规模扩张转向以质量提升为核心、由高速增长转向高质量内涵式发展的现实需求。从 20 世纪 80 年代初至今，在四十余年的教育教学实践中，其相关术语也在变化发展，最先使用的术语是"对外汉语教学"，此后在 2011 年出现了"汉语国际教育"的表述，而在 2019 年 12 月湖南长沙召开的国际中文教育大会中，孙春兰副总理的主旨报告和时任教育部部长陈宝生、副部长田学军等领导的报告中均统一、明确地使用了"国际中文教育"这一术语。

汉语教学学科依次经历了从"对外汉语教学"到"汉语国际教育"，再到"国际中文教育"的迭代升级。学科内涵也在继承中创新，在升级中拓展，在服务事业发展中深化。

从相关概念变化发展的角度来看，随着中国发展进入新时代，我国经济由高速增长转向高质量发展新阶段，教育开放也从规模扩张的外延式发展转向以质量提升为核心的内涵式发展关键时期。在以高质量发展为显著特征的新时代，如何促进国际中文教育事业深化改革和内涵式发展已成为新时代的重要课题。可以看出，"国际中文教育"术语的提出正是在这样的历史条件下应运而生。我们认为，从"对外汉语教学"到"汉语国际教育"再到"国际中文教育"，这一术语变化体现了"包容、开放、规范"的深刻内涵，也体现了与时俱进的发展理念和融合互通的发展路径。

第一，从"汉语"到"中文"的转换来看。"国际中文教育"与"对外汉语教学"和"汉语国际教育"的最明显的区别是将"汉语"一词转换为"中文"。

回顾国际中文教育悠久的历史实践，可以发现，单从指称作为教学内容的语言的名称来说，至少有汉文、汉语、国语、华语、华文、中国语、中国话、中文等不同称谓，这些词语本质上的指称对象没有区别，差别在于不同时期、不同地区因使用传统的不同而存在习惯上的差异。在世界范围内使用"中文"一词的情况比较多。例如，1946 年 2 月 1 日联合国大会决议发布的官方文件中就已正式使用"中文"一词。2010 年，联合国新闻部宣布启动联合国语文日活动，将 4 月 20 日定为"联合国中文日"，也采用了"中文"这一指称方式。综观其他的联合国官方文件，可以发现，"中文"这一称谓使用是最为广泛的。因此，我们可以认为，使用"中文"一词表达"汉语国际教育"在新时代的新概念是符合国际惯例的。从母语的使用习惯上来看，"中文"一词也能够充分体现所指的中国语言、文字、文化的特征，它既包含了语言本体的同时也涵括了文化内容，具有更广的包容性。

第二，从"对外"到"国际"的转变来看。从"对外汉语教学"到"汉语国际教育"，再到"国际中文教育"，三个核心概念的更迭体现了"请进来"到"走出去"，再到"出去后"，三个不同视角和语境的变化。1950 年，清华大学在教育部的指导下成立"东欧来华交换生中国语文专修班"，开启了新中国国际中文教育事业的序幕。经过调整，1952 年专修班转入北京大学，改名为"北京大学外国留学生中国语文专修班"，留学生的国别也继续增加，自此开始，我国国内的国际中文教育事业进入了迅速发展的时期。由此可知，从 20 世纪 50 年代开始使用的"对外汉语教学"这一表述是符合我国当时开展相关工作的现实情况的。"对外汉语教学"其中的"对外"一词天然带有立足本土的意味，它将立足点放在国内，重点是探讨如何开展来华留学生的语言教学，体现出一个"请进来"的语境。

此后出现的"汉语国际教育"这一提法中的"国际"一词，将汉语教学事业发展的视角进行了一定的转变。这一表述所体现的从"对外"的"请进来"到面向"国际"的"走出去"视角的转变，符合当时汉语教学事业发展的现实情况。1952 年我国开始向其他国家派遣专门从事汉语教学工作的汉语教师，经过长期的发展，国家汉办应运而生。我国政府于 1987 年成立国家对外汉语教学领导小组办公室，后更名为孔子学院总部（国家汉办）。国家汉办的基本任务是传播中国语言文化，支持世界各地的汉语教学，给世界各地汉语学习者提供规范、权威的现代汉语教材，向世界推广汉语，加深世界各国对中国的了解。自 2004 年 11 月在韩国首尔成立首家孔子学院以来，中外合作创办的孔子学院在海外开始蓬勃发展，极大地促进了中华文化与世界各国文化的交流与融合。开办在世界各国的孔子学院真正将汉语教学事业"国际化"，由此，2011 年的教育部《专业学位授予和人才培养学科目录》中，"汉语国际教育"的名称被正式确立。经过汉语教育人的共同努力，汉语国际教育事业快速发展，新时代的汉语教育事业也迎来了新的历史使命。2019 年的国际中文教育大会以"新时代国际中文教育的创新和发展"为主题，副总理孙春兰在大会的主旨演讲为国际中文教育事业的发展指明了方向，她强调构建更加开放、包容、规范的国际中文教育体系。

第三，从"汉语国际教育"到"国际中文教育"，"国际"一词位置发生了转变，这一变化可以看到汉语国际教育事业工作重心的转变。

2020 年 6 月，"中国国际中文教育基金会"宣布成立，全面负责运行全球孔子学院品牌。与此同时，中外语言交流合作中心（简称语言合作中心）正式成立。语言合作中心为教育部直属事业单位，是发展国际中文教育事业的专业公益教育机构，致力于为世界各国民众学习中文、了解中国提供优质的服务，为中外语言交流合作、世界多元文化互学互鉴搭建友好协作的平台。语言合作中心的具体职责包括国际中文教育语言能力、教师、教学、教材、课程、考试等质量标准拟定与评估认定、国际中文教育学科、师资、教学资源体系建设与师资培训派出、组织实施国际中文教师能力水平考试和国内外汉语水平考试组织实施、相关国际中文教育项目运行相关研究和国际交流合作等工作。

语言合作中心的前身是孔子学院总部，即国家汉办，从国家汉办到语言合作中心，这种名称上的变化能够体现出汉语国际教育事业更加强调国际视野，同时突出了语言交流与合作的核心理念和工作重点。这一组织名称的变化顺应了国际中文教育事业的发展方向，为国际中文教育事业提供了更加有针对性的助力，也从一个侧面反映了从"请进来"的对外汉语教学视角，转到中国进入世界的"走出去"推广视角，再到"出去后""构建人类命运共同体"的伙伴合作交流之路。

第四，从"对外汉语教学"到"汉语国际教育"再到"国际中文教育"所体现的研究重点来看，可以看到研究的视野范围与重点一直在发生变化。"对外汉语教学"这一术语体现出比较多传统研究领域的相关问题，也就是与教学紧密相关的问题，如汉语语言学、汉语作为第二语言的习得理论、汉语教学理论和研究方法学等基础理论，以及汉语教学所涉及的总体教学目标、教学设计、教材编写、课堂教学实践、语言测试评估和汉语教师选拔、汉语教师培养等应用研究，总体上以教学内部的微观研究为主。进入"汉语国际教育"和"国际中文教育"的新时代，相关研究应紧扣时代脉搏，除了研究教学的基本问题之外，还包括国际层面的教学理念、国际教学环境、国际中文教学形势、国际中文教学的国别化因素等诸多内容。

那么，在新时代我们应该如何概括"国际中文教育"的真正内涵呢？

2019 年 12 月，在湖南长沙召开的国际中文教育大会中，孙春兰副总理的主旨报告和时任教育部部长陈宝生、副部长田学军等领导的报告中均统一、明确地使用了"国际中文教育"这一术语，将"国际中文教育"这一新名词带入学界视野，此后学界开始讨论"国际中文教育"这个新名词的内涵问题。

郭熙、林瑀欢将"国际中文教育"界定为中文在全球的传播与传承工作，它包括国内的对外汉语教学、海外的国际中文教学和海外华文教育。[1]王辉认为，国际中文教育涵盖范围广泛，涉及全球范围的各类中文教学，既包括国内面向留学生的对外汉语教学，又包括国外面向当地居民的中文教学和面向华侨华人的华文教学，既涉及学历教育，又涉及非学历教育。"对外汉语教学"、"汉语国际教育"及"海外华文教育"三者可放置于"国际中文教育"框架下。吴应辉结合以上学者的观点提出"国际中文教育"包括中国国内的对外汉语教学、国外的中文作为外语或第二语言教学和海外华文教育三大组成部分，既包括各层次学历教育也包括各类非学历培训。[2]以上学者对"国际中文教育"的认识基本一致，仅在表述用词上略有不同。现行《国际中文教师专业能力标准》（T/ISCLT 001-2022）中界定国际中文

---

〔1〕 参见郭熙、林瑀欢：《明确"国际中文教育"的内涵和外延》，载《中国社会科学报》2021 年 3 月 16 日，第 A03 版。

〔2〕 参见吴应辉：《国际中文教育新动态、新领域与新方法》，载《河南大学学报（社会科学版）》2022 年 2 期。

教育（International Chinese Language Education）是面向中文作为第二语言的学习者的教育。[1]

第二语言或外语教学一般涉及教学者、教学对象、语言、教学环境等要素，我们可以用这四个要素对新时代"国际中文教育"的内涵进行深入分析。

首先，是"教学者"要素。教学者即从事教学的主体教师。"国际中文教育"的教学者可以是拥有我国国籍的中国人，也可以是以教授中文为职业的外国人，还可以是生活在海外的华侨华人。其次，是教学对象要素。教学对象即学习中文的学生。教学对象可以是任何学习中文的人，可以是母语非中文的外国人，也可以是母语或第一语言非中文的华侨华人及其子女；可以是成人，也可以是儿童。再其次，是教学内容即语言要素。所教的内容是作为第二语言或外语的中文，程度可以分为初级、中级、高级等，教学内容也可以根据用途进行细分，如商务汉语、旅游汉语等，还可以包括各层次学历教育及各类非学历培训。最后，是教学地点即教学环境因素。教学地点可以是在我国国内、其他国家或地区或者是互联网线上的虚拟环境。

"对外汉语教学""汉语国际教育""国际中文教育"三个术语出现的时间不同，但是从实质上看它们的内涵并没有根本差异，其本质都是将中文作为第二语言或外语的教学，区别在于教学因素方面（教学者、教学对象、教学环境）的差异，目前学界一般认为最晚出现的"国际中文教育"在教学者、教学对象、教学环境方面呈现出包容性的特点。从研究的发展趋势上看看，"对外汉语教学"、"汉语国际教育"及"海外华文教育"三者可置于"国际中文教育"大框架下进行探讨，使相关概念从学理的角度看更清晰。从国际中文教育事业的实践角度看，这样的理解可以使国际中文教育事业的三大领域既保持相对独立的定位和特点，又协同、融合、兼容并蓄地快速发展，共同形成具有包容性的"国际中文教育"交叉学科理念和符合时代特点的发展格局。

新时代语境下国际中文教育事业的发展与学科的建设都需要全面地、

---

[1] 参见世界汉语教学学会：《国际中文教师专业能力标准》，载 http://www.ttbz.org.cn/Home/Show/43178. 最后访问日期：2022 年 8 月 26 日。

历史地看待从"对外汉语教学"到"国际中文教育"的发展历程，进而在继承中寻求创新，以与时俱进的观念、发展的眼光引领国际中文教育事业良性发展，促进现阶段国际中文教育的创新进步与协调发展。

表1　三个专业名称里四个关键教学因素的体现情况[1]

	对外汉语教学	汉语国际教育	国际中文教育
名称简述	对外汉语教学，指对外国人的汉语教学，是一种外语教学。它的任务是训练、培养学生正确使用汉语进行社会交际。对外汉语教学的对象多半是成年人。	汉语国际教育主要指在海外对母语非汉语者开展的汉语教学，其教学者可包括母语为汉语的中国人、华侨华人及外国人，教的内容是作为第二语言或外语的汉语，教的对象是母语非汉语者，教的地方是一般在海外。	国际中文教育，指中文在全球的传播与传承工作，它包括国内的对外汉语教学、海外的国际中文教育和海外华文教育。
开始使用的时间	20世纪50年代	21世纪初	21世纪20年代初
谁来教（WHO）	中国人	中国人；华侨华人；外国人	中国人；华侨华人；外国人
教谁（WHOM）	外国人，以来华留学生为主	外国人，以海外母语非汉语者为主	在国外或中国国内的外国人；第一语言非汉语的华人及后裔
教什么（WHAT）	汉语作为第二语言或外语	汉语作为第二语言或外语	汉语作为第二语言或外语
在哪儿教（WHERE）	中国国内	一般为海外	中国国内；海外；虚拟空间

需要注意的是，"对外汉语教学"、"汉语国际教育"和"国际中文教育"三者之间不是简单的"取代"关系，而是"迭代"关系。也就是说，三者之间的关系不是互相排斥的，在一定的时期和场合或在有明确所指的

---

[1]　参见赵成新：《国际中文教育学科发展之路》，载《学位与研究生教育》2022年第10期。

语境中，三种名称甚至可以并行使用。[1]"国际中文教育"是继从最初的"对外汉语教学"到"汉语国际教育"之后，时隔几年的又一次学科名称的迭代升级，是涵盖多种中文教学类型的学科名称的整合。使用最新提出的"国际中文教育"这一术语，可以全面涵纳国内与国外、线上与线下等各种类型的中文教育，融汇了国际中文教育传承与传播两个路向，既包括了海外华人的祖语教育与世界各地将中文作为外语的教育，也包含了中文作为重要的国际公共产品和中外文明交流互鉴的内涵。

1.2. 国际中文教师

国际中文教育事业的发展，离不开相应教师队伍的支撑。国际中文教师是国际中文教育"三教"问题中的核心，是处于国际中文教育研究第一线的实践者和探索者，是国际中文教育事业不断改革前行的基石。

新时代国际中文教育对加快中文走向世界、提升国家软实力、助力"一带一路"倡议和"构建人类命运共同体"等国家政策的实施等都具有重要意义，在这样的时代背景下，国际中文教师被赋予了新的历史使命，承担着更多、更重要也更加复杂的任务。那么应该如何理解"国际中文教师"这一关键概念呢？

"国际中文教师"一词伴随着"国际中文教育"这一提法的出现而出现，近两年开始得到广泛的关注和使用。"国际中文教师"与之前一直使用的"对外汉语教师"有着深刻的联系，但是也有一定的区别。

首先，可以说国际中文教师与传统意义上广义的对外汉语教师概念相类似，不仅可以包括在中国境内对来华留学生进行授课身为中国公民的汉语教师，也可以包括由国家公派至海外的中文教师、志愿者以及海外本土的中文教师。

其次，"国际中文教师"与"对外汉语教师"属同一学科，本质上区别不大，但在当今的语境下，两者在使用范围和角度上存在的差别越来越受

---

〔1〕 参见曹贤文：《从汉文教育到国际中文教育：概念史视角下的变迁》，载《贵州师范大学学报（社会科学版）》2023年第2期。

到人们的关注："对外汉语教师"带有一定汉语母语者的视角，使用的语境也一般是在国内，教学对象是来华学习汉语的留学生的情况下使用较多；而"国际中文教师"这一概念更加宽泛，"中文"是"国家通用语言文字"的对外统称，使用"中文"强调面向海外，更重要的是，"国际中文教师"群体不仅限于母语为中文的教师，还涵盖了其他国家以中文教育为事业的本土教师。

由此，我们可以进行概括：国际中文教师是以母语非中文的学习者为教学对象，以培养学习者运用中文进行交际的能力为教学目的，在世界范围内将中文作为第二语言教育为职业的一类教师。国际中文教师（International Chinese Language Teachers）是指全球范围内所有从事中文作为第二语言教学的教师。[1]

就本书而言，笔者将"国际中文教师"的研究对象确定为在中国国内从事国际中文教育工作以及在国外从事国际中文教育工作，但是本人为中国公民的"国际中文教师"，而其他国家以中文教育为事业的本土教师则不作为本书的研究对象。

1.3. 教师专业素养

1.3.1. 教师职业具有"专业性"

教师是人类最古老的职业之一，是人类社会不断发展、社会分工的产物，其工作内容是对受教育者进行专门的教育。教师作为一个独立的、明确的职业已经在人类社会中存在了几千年，它既是古代社会分工的产物，又是现代专业化发展的体现。教师职业从远古时代融于生产劳动的非专业化的原始形态，演变为从事古代学校教育的泛专业化形态，从社会发展进步角度来看，教师是人类文化科学知识的继承者和传播者，在某些领域、某些时期是科学技术进步的创造者、社会文化发展的推动者；从学生成长

---

〔1〕 参见世界汉语教学学会：《国际中文教师专业能力标准》，载 http://www.ttbz.org.cn/Home/Show/43178，最后访问日期：2022 年 8 月 26 日。

的角度来看，教师又是学生学习的引领者、智力的开发者和价值观的塑造者。在教育教学的过程中，教师起主导作用，因此人们把"人类灵魂的工程师"等诸多崇高的称号给予人民教师。

无论是在东方文化中还是西方文化中，教师这一职业都跟医生、工程师、律师、建筑师等职业一样，是公众普遍认可的具有高度"专业性"的职业。那么，在社会职业研究领域，如何理解教师职业的"专业性"呢？

社会学家卡尔·桑德斯与威尔逊曾提到，所谓专业，是指一群人从事的一项需要特定技术的工作，以提供专业服务为目标，是一项需要专门的知识来发展的工作。从这一定义中，可以明确地提炼出"特定技术"与"专门知识"对于"专业性"的支撑。也就是说，"特定技术"与"专门知识"是使一个职业成为专业的必备条件。在现代社会分工日益明晰、不断细化的今天，教师这一职业的"专业性"更加突出。努南认为，确定一项职业是否为一门专业需满足四个要求：（1）接受过高等教育和培训；（2）制定实习标准和资格证书；（3）具有公认的理论基础；（4）从事该领域工作的人通过实践在工作中表现出该领域的工作特点。[1]

我国自古就有尊师重教的传统，这一传统使教师有着崇高的地位，体现了我国古代对教师身份的认可，教师这一身份具有极高的专业要求这一观念也得到普遍认可。师者，所以传道受业解惑也。老师是用来传授道理、教授学业、解决疑惑的，这是古人对教师最基本的认识。养不教，父之过；教不严，师之惰。老师对学生的学习要严格要求，不然就是老师的不称职了。一日为师，终身为父。老师对学生有惩戒的权力，有绝对的权威。天地君亲师，从祭祀的牌位也可以看出老师在古代的地位，老师之所以有这样的地位，正是其"专业性"得到认同的具体表现。

自20世纪60年代起，教师专业化已成为众多国家提高教师质量的主导运动之一。随着专业化改革的继续进行以及对教师专业化的不断探讨，人们逐渐认识到，要达到真正提高教育质量的目的，提高教师的素质至关重要。因此，围绕教师专业性所进行的理论和实践不断深入展开。1966年，

---

〔1〕 参见刘金毅：《当代青年国际汉语教师的素质及其师资培养的调查与研究》，华中师范大学 2022 年硕士学位论文。

国际劳工组织和联合国教科文组织联合发布了《关于教师地位的建议》，这是首次对教师专业化进行描述的官方文件，提出教师工作应被视作一种专业化职业，这要求教师必须经过严格持续的学习，才能获得并维持其专业知识技能。这是国际教育学者和政府人士第一次共同讨论这个问题，给予了教师专业肯定和勉励。从那时候起，各国政府都开始关注教师专业素养的问题。[1]

1.3.2. 教师专业素养的概念与构成要素

1.3.2.1. 教师专业素养的概念

教师的专业素养关系到教学效果的好坏，一直备受国内外学者的关注，相关研究历史比较久，且长久以来一直保持着比较高的热度，研究成果也较为丰富。

首先，来看"素养"一词的一般性理解。在中文中，依据现代汉语词典给出的释义，"素养"是指"平日的修养"[2]。"平日"意指长期以来具有的可持续的状态，而非简单的一时、一地或一事的一过性情况。而"修养"可以指知识、思想、艺术、态度等方面的一定水平。在英文中，"素养"一词一般来说对应"literacy"，基本义为"the ability to read and write"，即"读与写"的能力。而在探讨"教师专业素养"时，英文一般会有比较宽泛的理解，即不仅仅是传统意义上的读书、写字，而是一种能够理解、应用某事物、处理某种情况的能力，例如欧盟在《教师数字胜任力框架》中将"Information Literacy"看作"Digital Competence"（"数字胜任力"或"数字能力"）的下位概念，即"信息素养"，是指当代社会环境中利用计算机、互联网等工具获取信息的能力。从中文及英文中"素养"一词的使用语境中可以看出其中共同的关键点，即"素养"一词的含义比较宽泛，使用的语境比较丰富，但是其核心均指长期保持的某种能力状态、某些比较稳定的品质。这些能力或品质能够发挥长效作用，而非只是在一时、一

---

〔1〕 参见刘金毅：《当代青年国际汉语教师的素质及其师资培养的调查与研究》，华中师范大学 2022 年硕士学位论文。

〔2〕 参见中国社会科学院语言研究所词典编辑室编：《现代汉语词典》，商务印书馆 2005 年版，第 1302 页。

地、一事的状态下发挥作用。所以说"素养"是一种能够在多时、多事、多地稳定发挥作用的高阶身心品质，也正因为如此，素养是可以通过各种方式进行提升的，具有可培育性和可开发性。

其次，将"素养"与"能力"进行比较来看。"能力"一词具体含义为"能胜任某项任务的主观条件"[1]。其中需要强调的是其"主观条件"，也就是存在的可能性以及胜任某项任务的现实基础，"能力"一词不强调态度、情感、价值观念等因素。有些情况下，"能力"还有"技能""技术""技巧"等词语义高度相关，因而"能力"与"素养"的含义有巨大区别。从教育教学的角度来进行分析，无论是教师的"专业素养"还是学生的"核心素养"，"素养"一词都在涵盖"能力""技能""技术""技巧"等词语基本意义的同时，更加强调主体的心理、情感及态度因素，具有适当的态度是教师的"专业素养"和学生的"核心素养"的必备因素，简单来说，可以将"素养"理解为态度与知识、能力等的有机结合。所以说，"素养"概念区别于以往类似的概念（如"能力""技能""素质"等），其最重要的特点在于它不仅仅指基础知识的掌握，也不应仅仅是某一项或几项技能的运用，它的重点应突出在掌握基础知识和基本技能的前提下，运用相关的知识、技能，结合一定的态度、动机等思维品质，最终通过判断力、思考力及表达力等高层次心理活动来解决现实问题的能力。

而"专业素养"是指从事某领域或职业的专门人员所具备的基本技能，是经过长期学习训练而形成的品行与素养。专业素养的本质是"高级能力"和"人性能力"，同时，我们需要认识到：专业素养是一个类概念，或者说它是一个词组。

教师专业素养是专业素养的一种特殊表现形式，或者说"教师专业素养"是"专业素养"的一个下位概念。对教师专业素养的认知有利于教师转变思路，从"知识获得"的惯常做法逐渐转向"知识构建"的新模式，进而实现教师自身的专业成长，也是真正提升教师教学水平和效果的动力源泉。教师应具备的专业素养是在教育教学中表现出来的符合教育教学理

---

〔1〕 参见中国社会科学院语言研究所词典编辑室编：《现代汉语词典》，商务印书馆 2005 年版，第 990 页。

念的所有素养，包括深厚的专业知识和扎实的基本技能等。教师的专业素养在一定程度上影响教育教学质量和教师专业化水平。

参考教育学领域"学生核心素养"理念，也有利于我们理解"教师专业素养"的实质及内涵。基于我国当前的教育实践与未来发展的现实需求，由教育部牵头的我国核心素养研究课题组提出了核心素养的基本内涵：核心素养是学生在接受相应学段的教育过程中，逐步形成的适应个人终身发展和社会发展需要的必备品格与关键能力。应该说，我国的核心素养的基本内涵，不仅仅强调知识与认知的基础，更体现出"能力"、"情感"与"价值观"的重要性，是以上几个方面的有机整合及合理升华，对于转变我国教育界中重视知识与认知技能，轻视态度与价值观的传统观念起到了重要指导作用。同时，值得我们注意的是，"适应个人终身发展"的表述符合当前终身学习的理念，而"适应社会发展需要"的表述则体现了其对 21 世纪的新型能力的考虑，符合全人教育的理念。

学生核心素养的发展有赖于教师专业素养的充分发挥，二者有着密切的关联。将两个概念统一于教育与教学的大语境下理解，可以使两个概念互相阐发、互相关联与印证，有利于我们更加深刻地认识两个概念。

教师专业素养也可以依据底层、中层及上层的层级概念来认识和解读。教师专业素养的底层为基础知识和基本技能，中层为解决问题所需的基本方法，上层为通过体验、认识及内化等学习过程而形成的较为稳定的思维方式和价值观。底层的基础知识和基本技能，也就是教师所教学科的基础知识和技能。其中又可以分为两个层面：首先是学科本体的知识与技能，例如，一个英语教师，他本身就要精通英语，包括听说读写译等技能。其次，是教学知识和技能，即作为教师来说他应该掌握的教育教学原理、教育心理学、教学方法、教学技巧等。仍然以英语教师为例，一个英语教师应该掌握教授外语的教学知识和技能，例如第二语言习得理论、语言教学的基本原则等。中层为解决问题所需的基本方法，主要是指教师应该具有能动地、思路清晰地、效果显著地解决问题的方法。而上层为通过体验、认识及内化等学习过程而形成的较为稳定的思维方式和价值观，是更为重要的一个层级。

　　教师专业素养这一概念是适应信息时代对教师胜任工作、自我实现等多方面的新挑战而逐渐清晰起来的，它同时也是教师解决复杂问题和适应不可预测情境的高级能力和品质。概括来说，教师专业素养应该具有时代性、综合性及复杂性。

　　首先，教师专业素养具有时代性。在进入信息时代的今天，谈论"教师专业素养"的概念与一般理解的传统"素养"虽然有较大的重合部分，但是仍然有一定的区别。教师专业素养在当今的信息时代越来越得到重视，它正是教师这一群体对信息时代各种新局面的回应，也是教师结合时代特征，是根据教育事业发展的需要，根据自身专业成长的需要而动态构建的概念，它是一种区别于以往时代要求的新能力，因此说"教师专业素养"这一概念具有时代性。

　　其次，教师专业素养具有综合性。从不同维度对教师专业素养进行分析，不同的研究者会得出不同的研究结论。但是，关于教师专业素养基本维度人们有着一些基本共识。这些维度一般来说涉及知识、技能、方法、情感、价值观与态度等，这些因素互相关联，密不可分，因此教师专业素养是多重因素的有机整合。当然，我们认为虽然涉及的维度较多，但是教师专业素养的研究应当以关键知识、关键能力及态度情感、价值观等方面为研究重点。教师专业素养是教师所具有的综合性特征，是教师在拥有一定文化知识并进行内化的基础上形成的知识储备、品质、人格、世界观、价值观等；[1]是教师能够为学习者提供高质量的专业服务、完成教学目标或教学任务时所应具备的心理和行为质量的前提；是满足从业需求的必备条件。要想完成教育教学任务，教师就需要具有专业的理论知识储备、专业实践能力和必备的职业道德。这些均是教师素质的集中体现，是教师专业素养的基本概念内涵。

　　最后，教师专业素养具有复杂性。第一，教师专业素养涉及复杂的、高阶的心智能力，是人面对复杂情境时做出明智而富有创造性的判断、决策和行动的能力。它要求教师在解决具体问题时具有超越学科边界以及在

---

　　〔1〕　参见鲁团花：《高校外语教师素养内涵的解读及其提升策略研究》，载《哈尔滨职业技术学院学报》2016 年第 4 期。

不同情境中具有处理问题的能力，而具备这种能力，需要几个层层递进的能力的复杂整合，一是跨越学科边界的使用能力，二是将已有知识、技能等因素进行跨学科的迁移能力，三是将内在的知识、技能与外在的现实问题建立有效关联的能力。因此，教师专业素养本质上是最为复杂高阶的，是可以适用于一切情境和所有人的普遍素养。第二，说教师的专业素养具有复杂性还因为这是一种所谓的"人性能力"，是建立在人性、情感、道德与责任基础上的能力，这些因素会与每一个处理实际问题的情景进行复杂的结合，最终才会表现为对实际问题的深刻理解并使教师付诸行动解决问题，这一过程毫无疑问是复杂的。

"教师专业素养"这一概念旨在勾勒新时代新型人才的形象，它描绘的是当今时代新型教师所应具备的特质，是教师职业发展的前提。本书所用的"教师专业素养"一词是指，教师在完成一系列教学过程中体现出来的个体修习涵养，也是指从事教育教学工作应具备的某些品质。而教师专业素养不单指其静态的、所固有的特点与属性，更倾向于教师在教育教学过程中，能够通过学习后天习得的一种动态的品质。在教师教育的"知识""能力""素养"三个模块中，"素养"是促进教师发展的根本动因，是教师教育的起点和常态。

1.3.2.2. 教师专业素养构成要素

明确教师专业素养的逻辑起点十分重要，对于教师专业素养的研究应该始于个体与社会的未来发展目标，此后对教师专业素养的要素进行归纳，并将之层级化、模块化，使得整个教师专业素养的研究清晰完整。

Shulman 认为教师专业素养包括七个方面：所教授学科的学科知识、教育学和心理学知识、学科教学法知识、学习者知识、课程知识、环境知识以及课程目标知识[1]。Crossman 将教师专业素养进一步概括为学科知识、教育学和心理学知识、学生知识及教师自身的各项知识等方面。[2] McDiarmid 认为教师专业素养主要包括"知识""技能""品性"三个维度，

---

〔1〕 See Shulman L S. "Those Who Understand: Knowledge Growth in Teaching", *Educational Researcher*, Vol. 2, 1986, pp. 4-14.

〔2〕 See Crossman P. L., *Teacher's Knowledge in: International Encyclopedia of Teaching and Teacher Education*, Cambridge University Press, 1995, pp. 23-28.

同时重视教师的师德和教育情感发展。以上观点均比较有影响力，将这三位学者的理论进行比较可以发现：Shulman 与 Crossman 关于教师专业素养要素的观点在"学科知识""教育学和心理学知识"方面是高度重合的，不同的是，Shulman 的理论涉及的要素更多，但是却没有关注到教师自身的职业发展问题，而 Crossman 明确提到了"教师自身的各项知识"，体现出对教师身份认同和专业成长的重视。McDiarmid 还专门提到了"师德"与"教育情感"问题，是对之前研究的有益补充。

国内学者对于教师专业素养构成要素的相关研究涉及诸多学科，成果颇丰，其中比较有启发意义的是于海波提出的"哲学素养"，他认为教师职业素养核心之一是哲学素养，哲学素养与教师职业信念、价值判断和行为选择有重要关联。

1.4. 国际中文教师的专业素养

国际中文教师职业专门化与协同化发展，是专业化成熟之后为适应信息时代国际中文教学规模化和个性化并举这一实际需求的自然选择，也是国际中文教学科学化和全球化的需要，更是国际中文教学后专业化发展时代的重要目标和任务。笔者认为，国际中文教师的专业素养是指其不仅要具备一般意义上所有从事教师职业的人所应该具备的基本素质，还应具备适应国际中文教育学科特点的专门素质。

针对国际中文教师的专业素养，可以从两个角度进行探讨：即"应然的"和"实然的"两类。前者关注教师应该具备哪些知识、能力和素养，即教师应该是什么样；后者则关注教师"本体"，即教师实际是什么样以及他们是如何发展和成长起来的。2007 年，国家汉办首次发布了《国际汉语教师标准》，此后在 2012 年又对标准进行修订，发布了《国际汉语教师标准》（2012 年版）。为适应国际中文教育事业的快速发展，2020 年 6 月，教育部语言合作中心正式发布设立公告。2022 年，语言合作中心发布了最新版的《国际中文教师专业能力标准》（T/ISCLT 001-2022）。这些标准的制定即对"应然的"国际中文教师专业素养的一种探讨。

《国际中文教师专业能力标准》（T/ISCLT 001-2022）明确提出，国际中文教师是全球范围内从事中文作为第二语言教学的专业人员，需要经过系统的培养与培训，使之具有良好的职业道德和专业素养，实现自身专业的持续发展。《国际汉语教师标准》（2012 年版）介绍了对外汉语教师应具备语言基本知识与技能、文化与交际、第二语言习得与学习策略、教学方法、教师综合素质五大方面的知识和技能。前四个方面包含了六项标准：标准一和标准二对应的是语言知识与技能，分别是汉语的和外语的；标准三和标准四对应的是文化部分，即中外文化比较和跨文化交际能力；标准五和标准六涉及汉语教学法。同时 2022 年语言合作中心发布最新的《国际中文教师专业能力标准》（T/ISCLT 001-2022）明确地将"专业能力"体现在文件的名称中，可见有关部门对国际中文教师的专业素养的重视。

《国际中文教师专业能力标准》（T/ISCLT 001-2022）认为国际中文教师的专业能力一般包含专业理念、专业知识、专业技能、专业实践和专业发展五项一级指标，十六项二级指标，为对国际中文教师的培养、培训、能力评价和资格认证提供了基础，也是我们理解国际中文教师专业素养的依据。《国际汉语教师标准》（2012 年版）所描述的国际中文教师应具备语言基本知识与技能、文化与交际、第二语言习得与学习策略、教学方法、教师综合素质五大方面的知识和技能，是国际中文教师应该具备的专业素养的大框架。依据这个大框架，其中许多细分的专业素养引起了人们的研究兴趣，例如国际中文教师的应用语言学素养、信息素养、数据素养、智能素养、媒介素养、跨文化交际素养等。同时，我们也需要注意到，国际中文教师的专业素养以其各项知识、能力为基础的同时，还需要强调个人禀性、职业情感和专业信念等因素，国际中文教师在完成一系列教学过程中体现出来的个体修习涵养，也是指其从事教育教学工作应具备的某些品质。

国际中文教师需要具有汉语素养与中华文化素养，宁继鸣提出一名称职的国际中文教师应该具有良好的汉语素养与汉语教学能力，以及文化素养与文化传播能力。国际中文教师的汉语素养及中华文化素养与从事其他职业的人所具备的汉语素养及中华文化素养不同，它并不是简单地遵循语言交际功能理论而表现出来的语言交流能力或对中华文化的简单记忆，而是从教育教学的角度出发的、能够满足教学需求的对汉语及中华文化的深度理解与运用。例如，《国际中文教师专业能力标准》（T/ISCLT 001-2022）中所提到的：

有关汉语素养方面：

1. 掌握中文语音、词汇、语法基础知识，能够描述、分析和解释中文语音、词汇、语法的特点。

2. 掌握汉字基础知识，能够分析汉字字形、解释汉字的特点。

3. 掌握中文语用、语篇基础知识，能够描述、分析和解释中文语用、语篇的特点。

4. 具备语言学基础知识，了解语言普遍性和中文特殊性，能够进行语言对比。

5. 能够综合运用中文和语言学知识，分析语言现象，解决教学问题。

有关中华文化素养方面：

1. 了解并能够介绍教学中涉及的历史、哲学、文学、艺术、民俗等中华文化知识。

2. 了解并能够介绍教学中涉及的中国社会、政治、经济、教育、科技、生态等国情知识。

3. 分析常见的社会和文化现象，解决教学与交流中的问题。

4. 能够认识到文化是涵盖古今的，也是在不断变化的。

随着语言国际化进程的加快及国际中文教育事业的发展，我们必须打破"会讲中文就能教学""在中国生活就能教授中国文化"的粗浅思维。只有国际中文教师的汉语素养及中华文化素养需要不断提升，才能满足国际中文教育不断深入的高质量发展、内涵式发展的要求。

国际中文教师应具备应用语言学素养。随着语言国际化进程的发展，国际中文教师的应用语言学素养（即汉语教学法、第二语言习得理论和语言评价素养）成为国际中文教师一项不可忽视的基本素养和核心技能。国际中文教师则肩负着教授中文、传播中华文化、为世界培养中文人才的责任，而所有相关工作的开展都需要以语言教学为核心，因此应用语言学素养是国际中文教师所应具备的必备素养，应当在中文作为第二语言教育和跨文化教学的所有环节中有所体现。

国际中文教师应具备信息素养。当今社会已经进入了信息社会2.0时代，信息素养是信息社会文明人应该具有的一种基本素养。教育部印发的《教育信息化2.0行动计划》明确提出，要大力提升教师信息素养。如今信息技术与教育教学的深度融合，对国际中文教师的信息素养提出较高要求，中文师资的信息化水平也影响着中文国际推广的范围和深度。目前业内对国际中文教师市场需求新变化的关注度还不够，还应该从信息意识、信息知识、信息能力、信息伦理与道德等四个维度提升国际中文教师信息素养。同时，在知识更新迭代较快的时代，国际中文教师提升个人信息素养还有助于其利用信息技术来实现自身学习的灵活性、实用性和广泛性，变"技术驱动学习"为"内驱学习"，是在"泛在学习"时空条件下成为"终身学习者"的必经之路，对国际中文教师的职业发展具有全面的支撑作用。

国际中文教师应具备智能素养。智能素养指那些为应对人工智能时代应当具备的素养，而智能教育是在电化教育、信息化教育基础上发展的教育新阶段。教育变革联手智能技术，借助大数据、云计算、智能感知等新一代人工智能技术使符合社会、政治、经济发展需要的教育目标得以顺利、高效地实现。智能教育的快速发展要求国际中文教育紧随时代脚步，开启人工智能赋能国际中文教学的新模式，这也要求国际中文教师要具备与之相适应的智能素养。尤其是疫情使国际中文教学模式发生巨大变化，"线上+线下"混合模式与智能化教育的深度融合，成为影响国际中文教育发展进程的重要因素，这就使提升教师智能素养成为当前亟须解决的问题。

教师智能素养的提升有助于利用多种方式创新和发展国际中文教育。快速发展的人工智能、虚拟现实等技术与国际中文教育相融合，使之产生了深刻变革，表现在催生了多种类型的数字化教学资源进行研发，更重要的是颠覆了人们对数字化教学方式的认知，其在汉语语音识别和语音合成、汉字游戏化学习、数字孪生等方面的出色应用，正在为世界语言教学贡献中国力量、中国智慧和中国方案。国际中文教师更频繁地使用在线交流工具，汇聚来自不同国家的学习者，组织其在一起学习，并为其提供社会互动的机会。虚拟交流（Virtual Exchange）是一种教学方法，它让学习者与来自其他文化背景或地区的伙伴合作，并在教师的指导下，使他们有机会深入参与会话交流、体验在线跨文化互动，并把这样的课程内容作为自身教育计划的组成部分。虚拟交流通过加快语言学习到语言应用的步伐，增强了学生的学习动机和成就感；通过促进学生自身在交流环境中的体验，培养学生外语跨文化意识和跨文化能力。

国际中文的智能教育的区别不是实体教育与在电脑前学习的不同，也不是真实面对面与应用网络的区别，而是在于语言教学形式和意义的结合、交际场景下有效言语互动体现的语言学习进步，以及真实环境下语言应用的反馈形成的过程性评价等，随着时代的发展，中文教学智能化、个性化适应将不再是空话。例如，国际中文教师通过融合 5G、物联网、人工智能、AR、VR 等技术的智能化教学终端，可以精准了解学生对语言知识和技能的掌握情况，得到学习者的学能特点及学习成就大数据，从而针对性地给予反馈，包括个性化学习资源推送等。

为保证国际中文教育的持续、快速发展，国际中文教师要树立智能意识并落实到实践，主动了解、学习、研究、改良现代智能教育技术来适应当前的时代发展。据教育部语言文字信息管理司司长田立新介绍，2019 年我国召开首届国际中文教育大会，成立了由首批 21 家发起单位组成的全球中文学习联盟，"全球中文学习平台"正式上线，充分利用人工智能等先进技术手段，汇聚各类中文学习资源，打造出能够随时随地、自主学习中文的网络学习环境[1]。可见人工智能技术参与国际中文教育的实践活动已经初见成效。

虽然目前来看，在国际中文教育领域人工智能技术的运用还比较少，现代智能教育技术与国际中文教育的融合仍在发展之中，但现代智能教育技术发展日新月异，国际中文教师应该充分认识到人工智能时代下智能教育是当今时代发展的大趋势。依据"终身学习"理念，不断学习现代智能

---

〔1〕 参见《"全球中文学习平台"将研发粤语方言与普通话转换系统》，载 http://www. moe. gov. cn/fbh/live/2020/52038/mtbd/202006/t20200604_ 462699. html，最后访问日期：2020 年 6 月 15 日。

教育技术，开发智能辅助教学系统，主动探索智能教育与国际中文教育课程整合的路径，用积极的态度推进国际中文教育的信息化及智慧化。

国际中文教师应具备媒介素养。国际中文教师是中文国际推广的主要力量，他们不但应该承担着教授中文、传播中华文化的责任，需要我们注意的是，在国际形势变幻、国际环境复杂的今天，国际中文教师还应该重视其承担的展示中国形象的重要职责。因此，较高的媒介素养是国际中文教师完成相关工作的重要基础。国际中文教师需要正确地认识所在国媒体对于中国的有关报道，能够积极反思这些报道对于自己及所教外国学生在心理、认知、情感方面的影响，能够帮助所教外国学生认识媒体报道之外更加真实、立体、全面的中国。进一步来说，也要能够利用所在国媒体有效地介绍中国文化，避免误解，展示中国风采，传播中国文化，讲好中国故事，促进民心相通。

国际中文教师的各项素养均不是一朝一夕就所能获得，需要不断地加强与提升，是一个动态的养成过程。同时，也需要注意到，国际中文教师还需具备其他素养，其中就包括国际理解素养，将在后续的内容中进行深入探讨。

新时代对国际中文教师职业发展提出的新要求

　　在世界多极化、经济全球化、社会信息化、文化多样化持续深入发展的当下，语言教育在促进人文交流和深化国际理解方面的基础性与独特性作用愈发凸显。国际中文教育事业如何迎接更加多元的新时代，是值得思考的问题。毫无疑问，在这个过程中国际中文教师起着至关重要的作用，大变革的时代向国际中文教师提出了新的要求，国际中文教师应该紧跟时代步伐并回应时代需求，这就要求国际中文教师明确其在当今时代中的角色定位，以"构建人类命运共同体"的语言之基为己任，不断提升自身的能力与素养，推进国际中文教育事业的发展。

　　"构建人类命运共同体"不仅要在政治经济领域推进，还要在语言文化教育领域推进。随着越来越多的国家将中文纳入国民教育体系，中文已经成为中国与其他国家之间沟通了解的桥梁。国际中文教育事业迎来了前所未有的新机遇，也面临着前所未有的新挑战。

　　自"构建人类命运共同体"这一倡议提出以来，语言与世界的关系被凸显出来。"构建人类命运共同体"需要通过共同体话语实践，推动视界融合与认知汇通。因此，"构建人类命运共同体"不仅要在政治经济领域推进，还要在语言文化教育中推进。目前，已有70多个国家将中文学习纳入其国民教育体系。在此背景下，国际中文教育获得了更为广阔的发展空间，同时也有责任和义务满足世界发展需求，促进不同语言群体之间的相互理解。如何基于语言教育，探寻人类的共同价值，是当今国际中文教育面临的重要课题，也是高校国际中文教师所面临的新挑战。

　　在全球化时代，不同国家与地区之间的交流与合作日益密切，越来越多的人需要与来自其他语言社团（language group）的人进行信息交互。来自不同语言社团的人，借助"多语者"或"人机交互"的混合型语言交际方式而实现的跨语言交际，打破了原有的信息边界，从而建立起更广泛的认同感。当某种语言的使用者增加时，对于该语言的原有使用者来说，也意味着其潜在交际对象的数量和可能从中获益的潜在机遇、潜在合作的机会增多。在当今世界，从个人到国家，多语交际能力都是扩大交流与合作的关键要素。

2.1. 新时代国际中文教师的角色定位

在全球化和我国国力迅速增强的大背景下，中文的国际地位日益提高，国外学习中文的人数大幅度增加。加之我国"一带一路"倡议得到国际社会越来越高的认同，加大了中华文化的交流范围和力度，使得中文及中华文化在国际传播中获得了一个难得的契机，即作为文化传承与创新重要途径的国际中文教育在新型国际关系中的地位也逐渐上升，中文国际化的势头日益强劲。中文不但是我国对外交流的工具和软实力策略，也是我国扩大对外开放、"构建人类命运共同体"的重要发展资源，此时亟须国际中文教师肩负起"讲好中国故事、传播好中国声音"的新时代使命。

同时，新时代日新月异的科技发展必然引发教育的变革、推动教育理念的更新，放眼教育的世界、世界的教育，未来的教育可以用相通、跨界、公平和均衡来概括，它是开放包容的，是面向世界、面向未来的，这是新时期的教育理念给教师职业带来的新任务。

周汶霏和宁继鸣认为，科学技术的发展引发了中文教学场域的变革，促使教师角色向着多样化和立体化方向发展。全球化背景下国际中文教育事业的迅速发展和新科技带来的教育变革等诸多因素都要求国际中文教师重新思考自己的角色定位问题。

冯舸和吴勇毅认为，国际中文教师应该是一定的教育政策的执行者、语言文化的贯通者和身份认同的摆渡者。具体如下：

首先，国际中文教师是教育政策的执行者。一个国家或民族的语言教育和语言政策能充分体现其关于语言的态度、立场、观点以及相应的语言格局。语言教育和民族团结、教育机会、经济利益、身份认同等密切关联，具有鲜明的政治属性。教育政策关乎语言教育的导向和目标，每一位国际中文教师都是在所在国语言教育政策的宏观指导和规约下工作的。[1]

我国的国际中文教育政策立足双向互动交流，旨在提升国际社会对我国的理解；而其他国家的中文教育政策则会根据本国的情况进行设定。所以说，外派国际中文教师的角色处在不同语言政策的交叉点上，从这个意义上讲，国际中文教师的角色具有政治属性，他们既要承担国家中文教育事业赋予的使命，也要在国外特定的语言政策框架下开展教学工作，需要面对政治因素的交织甚至冲突。因此，国际中文教师需要充分考虑我国及其任教国两个方面的中文教育政策，把握好自身开展教育教学活动的理念与实践。这要求国际中文教师有较强的政治敏感度及语言政策解读能力，只有这样才能保证国际中文教师在尊重任教国语言政策的基础上，依据我国中文教育政策开展教育教学，并实现国际中文教育事业的最高目标。

其次，国际中文教师作为语言文化的贯通者。语言与文化密不可分，语言既是文化的产物，反过来又对文化的面貌产生影响，起到一定的塑造作用。国际中文教育的题中之义不仅仅包括语言教学，也包括中华文化教学。对于国际中文教师而言，汉语素养、外语素养以及中外文化素养都是其正常开展教学工作的重要基础。

国际中文教师作为语言文化的贯通者需要从两个方面理解：其一，汉语本体的语言教学和中华文化教学不是相互割裂的、孤立的，而是需要国际中文教师将二者合理联系并整合，进行"贯通"的。也就是将中文教学和中华文化教学贯通起来，让学习者在获得中文交际能力的同时，对中华文化的价值观念和思维方式有所认知，为更深层次的交流和共情奠定基础。当然，教师应当注重选取学习者关于中华文化的兴趣点，以相对柔性的方式展示中国的优秀文化、当代风貌和发展愿景。其二，国际中文教师还需要将学习者的母语及母语文化与中文及中华文化进行贯通。当然这种"贯

---

〔1〕 参见冯钶、吴勇毅：《试论外派中文教师的角色定位》，载《教师教育研究》2022年第5期。

通"主要是从比较与对比的角度进行，以促进语言与文化的深度学习为目的，而非机械地在两种语言与文化之间寻找所谓的相同点。第二语言学习的目的在于实现跨文化的交流，想要实现成功的、高效的跨文化交流，学习者需要对目的语言所属的文化有所了解，具体说是学习者要理解所学文化习俗、文化产物与文化观念之间的关系，这样才能避免误解及误判。语言规则其实体现了思维方式与社会文化等深层次内容，国际中文教师应该有意识地通过语言与文化的比较，帮助学生建立对世界文化多样性的认知与认同，只有在此基础上才能实现理想状态的跨文化交流。

同时，高级阶段的学习者还可以通过自身文化与目的语言文化之间的比较，获得对语言和文化的深入理解。这是一个构建"他者"的认知过程，也是更好地看清"自我"的过程，可以使学习者在比较中获得外语学习带来的思维锻炼和竞争优势，并逐渐获得对世界文化开放、包容、学习的良好心态。德国学者 Humboldt 认为，每种语言都包含一种独特的世界观：每一种语言都在它所隶属的民族周围设下一道藩篱，一个人只有跨过另一种语言的藩篱进入其内，才有可能摆脱母语藩篱的约束。

美国语言学家 Sapir 和 Whorf 从 Humboldt 的理论出发，继续发展后构建了"Sapir-Whorf 假说"。"Sapir-Whorf 假说"认为每种语言对于时间、空间、事物等的基本认识与分类存在差别，对于种种关系的逻辑联系认知不同，学会一种外语就能看到与母语所展现的不同的世界图景，这一观点得到了学界的广泛认可。依据这一理论，我们需要认识到，国际中文教师的任务之一就是通过语言与文化的教学，打破这种藩篱，帮助学习者将其母语及母语文化与中文及中华文化进行"贯通"。也就是说，母语是学习者进行沟通及学习的必备工具，但母语本身又不可避免地对使用者产生了限制。中文作为第二语言的学习在某种程度上是学习者冲破母语限制，获得新的世界观、构建新的生活图景的重要路径。在国外任教的国际中文教师站在中文和外语、中华文化和任教国文化的交汇点上，毫无疑问应该承担语言文化的贯通者的角色。国际中文教师可以通过语言及文化的教学帮助学生养成跨文化分析、批判和反思的能力，促进中文学习者"我们"与"他者"的视界的融合与贯通。

再其次，教师作为身份认同的摆渡者。国际中文教师的工作性质决定了他应该是一个优秀的跨文化交际者，同时也是文化示范者、文化倾听者、文化引导者等多重角色，这一点是被人们普遍认可的，但是同时，我们还需要意识到，在全球化迅速发展的今天，国际中文教师还应该是身份认同的摆渡者。

语言帮助人类认识世界、描绘世界、适应世界，这就是语言的"三世界"功能。在全球化背景下，各国各地区联系越来越紧密，社会文化也变得越来越多元，而人的社会身份也不再是终身确定的东西，同时，在当今全球化带来的巨大流动性面前，语言的面貌、语言学习的性质也发生了许多重要的冲突和变革。在俄国心理学家 Vygotsky 的经典理论中，儿童以符号工具（最重要的是语言）为中介（medium），调节与物质世界和社会文化的关系，从而实现高级心理功能的构建与发展。语言学家将这一理论运用到第二语言习得研究中，并发展成为社会文化理论（Sociocultural Theory）。通过学习外语人们可以获得语言和文化能力，更为重要的是学习者可以运用外语内化新的社会文化因素，这些能力能够帮助他们在复杂多变且多元的环境中更好地参与社会互动、融入新的社会文化群体，进而逐步构建起新的身份认同（identity）。也就是说，外语学习的过程是一个新的身份的构建过程，学习外语的意义不仅仅体现在心理学意义上的通过学习语言和文化所带来的认知能力的改变，也在于社会学意义上学习者对于新的"自我"身份的协商、调整与建构。

国际中文教师在海外进行教学，其本质是对学习者进行外语或者第二语言教学，在教学的过程中，国际中文教师也必然充当着学习者身份认同的摆渡者。国际中文教师面对的中文学习群体是多元和复杂的，有的是刚刚接触中文的零基础学习者，而有的有中文学习经历；有的是将中文作为外语学习，也有的是将中文作为第二语言来学习；有的学习者是出于兴趣进行学习，有的是出于工作需要进行学习，有的则是融合型学习动机；Block 描述了学习者在跨越地理和心理界限时面对的身份冲突图景。不同背景和动机的中文学习者会以不同的方式经历新身份感对旧身份感的冲击，也同时经历所谓的"差异协商"过程。从身份构建的视角来看，外派国际中文教师还处于不同身份协商和构建的交叉点上。国际中文教师能够帮助学习者达到中文学习和社会互动之间产生良性互动的状态，帮助学习者进行合理的身份构建，给学习者带来一种自我实现的满足感和成就感，通过中文学习获得的新的身份认同也使学习者获得更多的发展机会和进行生活选择的可能性。这就要求教师重视自己身份认同摆渡者的角色定位，给予中文学习者较为深入的个体关注，理解学习者面临的身份冲突状态，并根据具体的情况提供沟通和对话的机会，在他们身份协商和构建的过程中提供"摆渡"式的帮助。[1]

最后，国际中文教师是世界公民的塑造者。国际中文教师是一定程度上的教育政策的执行者、语言文化的贯通者和身份认同的摆渡者，除此之外，我们认为国际中文教师还应该是世界公民的塑造者。

2015年11月，联合国教科文组织在巴黎总部通过并发布了《教育2030行动框架》，该框架概述了如何在国家、地区和全球层面上将仁川会议制定的承诺转化为实践，动员所有国家和合作伙伴响应教育的可持续发展目标，提出了实施协调、筹措资金及监测教育的方法，以确保全纳、公平的优质教育，使人人可以获得终身学习的机会。《教育2030行动框架》第二部分"总体目标、策略方法、具体目标和指标"提出了"教育2030十大具体目标"，其中明确提出：到2030年，要确保所有学习者获得促进可持续发展所需的知识和技能，包括通过教育实现可持续发展和可持续的生活方式、人权、性别平等，促进和平与非暴力文化、世界公民意识、理解文化多样性和文化对可持续发展的贡献。《教育2030行动框架》号召各国通过对可持续发展、人权、性别平等、和平与非暴力文化、世界公民意识和对文化多样性的欣赏与贡献的教育，确保所有学习者都具备促进可持续发展的知识和技能，成为负责任的"世界公民"。可持续发展呼唤"世界公民"，在跨文化交流日益密切的国际背景下，公民不仅需要完善自身的知识技能以适应国际竞争与合作，还需要培养了解和分析跨文化及解决全球性问题的能力，培养尊重、自信和责任感等价值观，应具有较强的信息处理能力，

---

[1] 参见冯舸、吴勇毅：《试论外派中文教师的角色定位》，载《教师教育研究》2022年第5期。

能借助媒体平台关注全球性问题,应具有全球责任意识和主人翁态度。

当今全球化带来的巨大流动性,各国各地区之间的联系越来越紧密,人们的身份也在不断地变化,这样的背景下,未来国际中文教育的变革应更加重视学习者通过语言交流成为世界公民的目标,这也是联合国教科文组织面向未来教育所倡导的宏大目标。

我国自古便有"天下为公""以国观国,以天下观天下"之说,世界公民教育的理念与我国古已有之的观念不谋而合。国际中文教育是中国向全球提供的重要语言文化公共产品,在全球经济文化交融之际,国际中文教育理应肩负起培养世界公民的教育担当。国际中文教师应该意识到世界公民教育已成为全球化必不可少的一部分,有意识地成为世界公民的塑造者,并在教学过程中帮助学习者获得更开阔的国际视野,培养"全球性关注"意识,倡导人类之间紧密的社会情感联系,帮助学习者超越由地域或特定社群所带来的狭隘排他心态,将视野置于全球。国际中文教师应该结合自己的教学实践,帮助学习者掌握充分的语言技能和参与全球市场竞争所需的技能,提高跨文化沟通能力,通过语言和文化的教学帮助学习者跨越自身的视角和环境范围,跨越地域、民族、种族、宗教的界限,去理解他人的生活和观念,并承担一定的义务,关注全球性问题如贫困、和平、环保等,将自己视为全球社群中的一分子。

2.2. 新时代对专业化国际中文教师队伍提出了新要求

在全球化及"构建人类命运共同体"背景下,国际中文教育事业产生了新的发展趋势,也有了新任务、新目标。那么,推动国际中文教育事业发展的核心力量——国际中文教师,也应该做出调整来适应新的形势,明确自己的任务与使命,讲好中国故事,推动国际中文教育在全球范围内的传播与发展,促进国际中文教育事业良性发展。

首先,要充分认识国际中文教育对国家语言能力提升的重要作用。

语言帮助人类认识世界、描绘世界、适应世界,这是语言之于人类的"三世界"功能。正因语言有如此功能,个体、群体都要具有一定的语言能

力。个体语言能力是"个人用语言完成人生事务的能力"。群体语言能力在
20 世纪末被提出，且一经提出便显示出重要的科学价值和社会意义。国家
语言能力属群体语言能力范畴，指国家处理海内外各种事物所需的语言能
力，其中也包括国家发展所需要的语言能力。[1] 根据文秋芳提出的"国家
语言能力新框架"，与涉外事务相关的语言能力大致可分为 4 个方面，即国
家外语教育、国家通用语国际拓展、国家对外话语表达，以及国家语言人
才资源掌控。[2] 国家语言能力不仅关涉国家的一般治理，还影响到国家的
外交能力、国防能力、地缘战略竞争力等一系列安全与发展的关键问题。

　　语言是一种重要的文化资源，国家语言能力的提升可以推动文化的传
播与经济的发展。以我国为例，"留学生"一词最初产生于唐朝，当时的唐
朝国力强盛、文化繁荣，我国周边国家和地区官方派遣使者和留学生来华，
留学生制度也逐步完善。这些留学生进入国子监等机构学习，系统接受汉
语教育，学习中国文化及社会制度，他们回国后大力推行中文教育，传播
语言与文化并带回大量中文典籍，对中国语言、文化、典章制度和佛教等
在东亚等周边国家和地区的传播起到了重要作用。盛唐文化与当时引领世
界的先进技术，以中文为媒，在留学生的传播推广之下，对世界各国（尤
其是东亚各国）产生了深远的影响。另外，古代的日本、朝鲜半岛等周边
国家和地区由于最初都没有自己的文字，就借用汉字作为书面表记体系，
在很长一段时间内，汉字和中文成为东亚地区正统、规范的书面语言。由
此可知，国际中文教师需要充分认识到：语言是一个国家重要的文化资源，
无论在历史还是今天，国家语言能力关乎一个国家的软实力，它对一个国
家文化的传播和经济的发展都有着不容忽视的影响。

　　语言最根本的功能是交际功能，因此，以往对中文教学的功能主要是
从沟通交际的角度来认识的。但是，在世界格局正在发生剧烈变化的今天，
如何顺应全人类生存发展共同愿景，打造国际社会能理解和接受的对外话
语体系，为"构建人类命运共同体"创造和谐的语言生态，提供必要的语

---

〔1〕　参见李宇明：《提升国家语言能力的若干思考》，载《南开语言学刊》2011 年第 1 期。

〔2〕　参见文秋芳：《对"国家语言能力"的再解读——兼述中国国家语言能力 70 年的建设与
发展》，载《新疆师范大学学报（哲学社会科学版）》2019 年第 5 期。

言支撑，构筑人类命运共同体的语言之基，是当前我国国家语言能力建设所面临的时代大课题。而国家语言能力的建设与提升离不开国家主要语言国际影响力的提升，因此我们认为，国际中文教育事业的推进是国家语言能力提升的一个重要组成部分，国际中文教师要从提升我国国家语言能力的角度，充分认识自己工作的重要性。我国是语言大国，也是语言学习大国，但目前还不是语言强国。在国际中文教育领域，我们需要认识到，很多国际中文教师国家语言能力意识缺乏，没有充分意识到语言在国家发展进程中所起到的重要作用。

新形势下，高水平的语言教育能力已经成为国家高等教育能力的重要构成部分，成为助力"构建人类命运共同体"的基础因素。国际中文教师是"构建人类命运共同体"思想海外传播的重要主体。要加强国家对涉外语言事务的治理能力，需要提升国家主要语言的国际影响力，国际中文教师应该对"一带一路，语言铺路""国家出行，语言先行"等理念有清晰的认知与深刻理解。高校国际中文教师的国际理解素养，对于服务国家语言教育、经济文化发展、促进"构建人类命运共同体"具有重要的意义。因此，在工作中努力扩大中文的影响力，把提升国家语言能力的任务落到实处，是对新时代国际中文教师的基本要求。

其次，要积极参与构建新时代国际中文教育新生态。

随着中国经济实力的增强和国际地位的提升，中外交流合作不断深化，"人类命运共同体"理念日渐深入人心，国际中文教育的作用和任务日益凸显。技术的发展对语言教学需要的生态环境构建产生了积极的影响。这种生态环境作为一种教学和学习的资源，通过知识服务、技能服务的方式形成新的教学模式或业态，对于多元教学的开展起到了支撑作用。总结全球各国家和地区各类型教学的特点和规律，明确数字化转型背景之下国际中文教育的目标和任务，创新教学理念和教学模式，是新时代国际中文教师的新任务，对新国际中文教育的发展具有重要意义。

随着语言学习和教学与科技日益融合，教学理念和教学模式都发生了巨大变革。数字化转型对行业的影响是深刻的，在国际中文教育领域，语言学习和教学方法已经从传统的课堂教学模式向结合了不同环境、媒体和技术应用的新模式转变。信息技术的发展及疫情的出现使得中文教学全面走向线上，大部分学生逐渐适应并接受了形式多样的在线教学、网络教学，国际中文教学活动已不再仅仅局限于课堂等传统教学环境中，而是演变为灵活地借助不同环境、媒体开展教学。后疫情时代，无论是线上与线下的混合、融合还是直播与录播的同步、异步，无论是教学内容载体的巨大变化还是网络资源的便捷获取，都使人人时时可以学习的"泛在学习"成为可能，学习者可以获得对自身而言最优的选择。

其一，电子教材将教材内容以数字化、多媒体化的形式来呈现，学生可以利用电子教材的书签、笔记和标注等功能。此外，国际中文电子教材的研发和运用，给学生理解和接受中文知识提供了更大的空间，让中文知识以符合学习者语言认知的方式、有利于学习者感知、理解、巩固和记忆的方式呈现，让中文知识以提供主动学习的空间和机会、有利于学习者情绪情感激励的方式传播。

其二，网络资源的研究和建设是国际中文教学与研究转型与成败的关键。海量的中文学习网络资源不仅有利于增强国际中文教育的吸引力，还有利于学习者产生资源驱动的自主学习，便于学生开展探究、交互、泛在的学习，为学习者开展更接近真实使用的深度学习创造条件，实现提高学习效率和效果的目标，也将带给学习者终身学习的机会以及保持和提高汉语能力与水平的可能。

其三，中文教师还越来越多地使用在线交流工具汇聚来自不同国家的学习者，组织其在一起学习，并为他们提供社会互动的机会。虚拟交流（Virtual Exchange）正是这样一个代表在线外语教育发展动向的学习方式，值得国际中文教育从业者重视并开展实践。虚拟交流让学习者与来自其他文化背景或地区的伙伴合作，并在教师的指导下，有机会参与深入的会话交流、体验在线跨文化互动。

展望未来，国际中文教育的数字化转型还应该推广智能化教育理念，联合全球范围的国际中文教育资源，通过有效配置优化教学，积极构造全球性中文教学场域，拓展虚拟世界与真实世界交互的手段，进而扩大中文学习者学习空间，使教育服务于个性化、多元化和差异化需求的现实。这将是一场划时代的变革。

纵观教育的发展脉络可以发现，教育发展阶段由1.0时代的口耳相传和2.0时代的私塾教育，发展到3.0时代的班级和学校教育，正在迈向4.0时代。面对转型的新形势，国际中文教育将面临新的目标和任务，我们应该为此做好必要的准备。国际中文教师应该利用数字化转型的新视角在教学过程中体现面向未来的教育目标、体现信息技术应用优势、满足国际中文教育多元需求，构建起国际中文教育的"互联网+""智能+"新生态。

最后，要积极参与发展国际中文教育的新业态。

2019年，孙春兰副总理在国际中文教育大会上首次提出了"中文+职业教育"的概念。2020年9月，由教育部等九部门印发了《职业教育提质培优行动计划（2020—2023年）》[1]（以下简称《行动计划》）。文件中明确指出，要加强职业学校与境外中资企业合作，支持职业学校到国（境）外办学，培育一批"鲁班工坊"，培养熟悉中华传统文化、中资企业急需的本土技术人才并推进"中文+职业技能"项目。《行动计划》的要求不仅反映了中国职业教育走出去的现实要求，也反映了国际中文教育与职业教育相结合的新业态发展机遇。

依据相关政策要求，教育部下属的语言合作中心整合的企业进入国际中文教育市场，开始在各地与职业学校开展合作办学，"中文+职业教育"模式迅速发展。2020年11月，语言合作中心与南京工业职业技术学院共建了全国首个"中文+职业技能"国际推广基地。2021年9月的服贸会论坛上，北京工业职业技术学院建立的"中文+职业教育"教育实践与研究基地挂牌成立。2022年5月24日，教育部举行"教育这十年""1+1"系列第三场新闻发布会，介绍党的十八大以来职业教育改革发展成效。其中提到，我国已在40多个国家和地区开展"中文+职业教育"特色项目，为这些国家的学员提供职业教育培训和就业发展机会。

对来华留学生进行调研可以发现，过去的几十年间，专业为汉语的学生占据了留学生的绝对多数，其学习动机大多为文化吸引，并非具有明确

---

〔1〕 参见 https：//www.gov.cn/zhengce/zhengceku/2020-09-29/content_ 5548106.htm，最后访问日期：2023年11月11日。

的就业目的。但是，我们需要认识到，单纯学习语言的学生相较于以就业为导向的学习者来说，其数量非常有限，也正因为如此，中文教学的市场始终无法扩大，这不利于中文国际影响力的提升。但近些年，这一形势正在悄然变化。首先，从留学生的来源地来看，随着"一带一路"倡议的提出，"一带一路"国家的来华留学生比例上升，在 2013 年之后，来自非洲国家的留学生数量大增，超过了之前来华留学生人数排在前三位的亚洲、欧洲及美洲，这一变化与中国企业大量投身于非洲、东南亚地区的基础建设、工业制造当中有关。其次，留学生专业选择发生了一些值得注意的变化。最初很多留学生是以学习语言为根本目标，"对中华文化的喜爱"驱动着他们来到中国。现在，很多来华留学生所学专业发生了变化，他们分散在不同的专业领域内，来华留学是出于对未来就业的考量。由此可知，今天的国际中文教育不仅仅具有语言传播的属性，其教育国际化的属性开始发挥越来越大的作用。

而在这样的大背景下，"中文+职业教育"的培养模式也应时而生，形成了国际中文教育事业新的增长点。"中文+职业教育"这一模式与我国"一带一路"倡议深度结合，迎合了当地企业最实际的需求，在最短的周期内，培养出企业最需要的人才，能够切实缓解企业用工压力，同时为所在地的公民提供就业岗位，而当地的中文学习者也看到了语言学习带来的实实在在的就业机会与竞争力。"中文+职业教育"的培养模式是一种新兴的语言经济，这不是传统中文教学开展的方式，它是开放的、多功能的，可以提高教育生产力，缩短"学"与"用"之间的距离，甚至直接服务于应用，是对社会需求的响应。它的发展既能带来丰厚的经济收益，又能更好地传播中国国际形象。新时代的国际中文教师要积极参与这些新业态，为中国教育的国际化贡献力量。

2.3. "素养为基"是新时代国际中文教师职业发展的前提

国际中文教育对加快中文走向世界、提升国家软实力、助力"一带一路"倡议、"构建人类命运共同体"等国家政策实施的重要意义，已经不言而喻。国际中文教育事业的发展，离不开相应教师队伍的支撑。加强国际中文教师队伍建设，是促进和加快汉语走向世界的根本性战略措施。

经过几十年的实践探索，我国的国际中文教师已逐步实现由"中文教师"向"专业化国际中文教师"的转变。但随着中文学习群体规模的扩大化、学习者价值观和文化背景的多元化，尤其是"构建人类命运共同体"发展模式下，国际中文教师素养的提升面临新形势、新任务。

基于国际中文教育的发展变化和国际需求，根据《中华人民共和国教育法》（以下简称《教育法》）和《中华人民共和国教师法》（以下简称《教师法》），在借鉴国内外国际中文教育标准、大纲和教师标准的基础上，结合国际中文教育特点，教育部语言合作中心与 13 个国家的 27 所高校、社会团体和企事业单位，联合制定了《国际中文教师专业能力标准》（T/ISCLT 001-2022），明确了国际中文教师的知识结构和能力的内涵，旨在为国际中文教师培养、培训、能力评价和认定、专业发展提供依据。该标准是对国际中文教师的基本专业要求，是国际中文教师实施教学的基本行为规范，是引领国际中文教师专业发展的基本准则，是基于教师资格标准而又高于教师资格标准的倡议性标准，其引领作用不言而喻。

《国际中文教师专业能力标准》（T/ISCLT 001-2022）的基本理念板块明确提出了"素养为基"的理念。"素养为基"是指国际中文教师能够将国际中文教育学科知识和教学技能相结合并运用于教学实践，具备从事国际中文教育所需的教育知识、中文和语言学知识、中华文化与中国国情知识和第二语言习得知识，具备从事国际中文教育所需的中文要素教学、中文技能教学和教育技术应用等技能，能制定课堂教学计划、选择与利用教学资源、组织教学、管理课堂、评估学习者并提供反馈、进行教学反思，保障教学任务顺利完成。[1]

明确教师专业素养的基础性地位对国际中文教育事业的发展有着重要的意义，可以引领和促进国际中文教师的专业发展，有效改变当前存在的一些错误认知，如教学领域的"知识本位"现象。即很多教师认为具有丰富的学科知识是当好老师必要且充分的条件，另外还有很大一部分人抱有

---

〔1〕 参见世界汉语教学学会：《国际中文教师专业能力标准》，载 http://www.ttbz.org.cn/Home/Show/43178，最后访问日期：2022 年 8 月 31 日。

"母语是中文就能教好中文""教好中文没什么难度"等不正确的认知与态度，而忽视更加基础及重要的教师专业素养的重要作用。事实上，国际中文教师专业素养是知识、技能、情感、态度、价值观等多方面要求的综合表现，是国际中文教师能够胜任的根本基础，也是促进教师发展的根本动因。

提升国际中文教师国际理解素养的重要意义

国际中文教师国际理解素养与国际中文教育事业发展存在本质的关联。国际中文教育是中国为世界提供的重要语言文化教育产品，在教育全球化背景下得以孕育。虽然《对外汉语教学概论》对国际中文教育的界定是语言教学，是对外国人进行的以汉语作为第二语言的教学，衡量对外汉语教学成功与否的唯一标准就是学习者是否掌握了汉语这一交际工具[1]；孔子学院也明确其本身是推广中华文化，传播中国精神的重要平台。但是这种教学目标、标准的实现是需要充分考虑教育对象的国别特点和跨文化特点的，国际中文教育事业本身就与国际理解教育密切相关，教师的国际理解素养在有形无形中影响着国际中文教学事业的发展。

国际中文教师是面向第一语言为非汉语的众多学习者的中文教学者，是国际中文与文化传播事业的主力军，而且还是中外友人交流的跨文化交际者，因而国际理解素养的提升与培养对于国际中文教师职业发展、国际中文教育事业发展、"构建人类命运共同体"都有着极其重要的奠基价值。正是国际中文教师以其国际理解素养为基础，以蚂蚁精神辛勤耕耘，推进异国学生形成国际理解意识、树立世界公民意识，进而深刻理解我国提出的"人类命运共同体"理念价值，逐步形成共同体意识，最终可以自觉为共同体构建添砖添瓦，不断推动各民族的和谐可持续发展、不同文明的相互尊重和不同肤色人民的相互理解，实现"不拒众流，方为江海"的多元文化并存的大格局。

---

〔1〕 参见刘珣主编：《对外汉语教学概论》，北京语言文化大学出版社1997年版，第13页。

3.1. 促进国际中文教师的职业发展

国际理解素养与国际中文教育发展存在本质联系，良好的国际理解素养是对国际中文教师的必然要求。国际中文教师从事跨文化、跨国度的教育职业，具有开放意识和交流能力是职业基础，良好的国际理解素养对于夯实教师在不同民族、不同国家、不同地域从事国际中文教育职业有着十分重要的价值。

首先，良好的国际理解素养能够帮助国际中文教师避免因文化背景不同而带来的冲突，是顺利开展教学活动的前提。

当前我国对国际中文教师的期望集中在"熟练的汉语作为第二语言教学技能"、"良好的跨文化传播技能"和"跨文化交际能力"三大板块，这是国际中文教师的主体任务。国际中文教育又具有职业环境差异化、教育对象国际化、教育目标多层化等特点，因而国际理解素养的提升培养有助于加强国际中文教师专业水平能力。具体而言，国际中文教师从事国际中文教学职业，职业本质是第二语言教育，面对的学生主要来自非汉语国家或地区。而囿于生活地理环境造成的民族差异，师生在认知、思维、价值观、行动方式、生活习惯都呈现多元形态，表现在对同一事物或同一行为存在差异的理解和表达以及不同的行为方式。在组织课堂教学、开展文化讨论中，尤其在师生跨文化交流对话中，可能会产生矛盾冲突并影响教育过程。教师作为教育过程主导者，有义务主动建立和谐稳定的师生关系。对国际中文教师的国际理解素养有意识地进行培养，能有效促进其国际理解意识及知识体系构建，增强差异认识、国际关系的处理能力，这是教师顺利开展教学活动的前提。

其次，国际中文教师良好的国际理解素养有利于提高语言文化教学的效果。

具备完备的国际理解素养不仅能尽量避免众多矛盾点，还能帮助教师有效完成中文教学、文化传播、跨文化交际行为，支撑活动顺利进行。国际中文教育主要进行第二语言教育工作，国际中文教育本身有一定难度，教师在教学过程中需要首先明确民族差异及语言结构多样化，在教学前做好了解教育对象及其语言习惯的基础工作，找准差异及共性，有针对性地教学，并建立开放、宽松的课堂氛围。文化传播过程不是单向的文化输出，而应是不同精彩文化的交互，存在完全相悖的文化理念、文化内容与形态；教师在展示中华文化时要有避免冒犯学生本土文化禁忌的意识以及找到共性联结分享讨论，对于他族的文化要以客观尊重的态度学习及理解，以这样的心态介绍中华文化、对待他族文化，才能让中华文化得到真正的传播与认可。跨文化交际过程体现在语言表达与行为习惯的交际，更需要教师自身具备基本认知——接受差异本身、理解文化差异、尊重不理解与不接受，并以此作为交际原则展开中外交际。因而，培养国际中文教师国际理解素养及素养运用有助于国际中文教师建立以尊重学生为基础的教育意识。

最后，良好的国际理解素养对国际中文教师职业价值观塑造具有重要意义。

良好的国际理解素养是维护国际中文教师职业稳定和促进国际中文教师职业发展的关键要素。随着国门打开，国际交往越来越频繁，中文迅速走向国际舞台，国际中文教师这一职业引力进一步强化——需求量大、生命力强。国际中文教师职业的特性必然要求不断提高专业能力，不断提高国际理解素养，只有专业能力和国际理解素养都适应国际中文教学需求，才能从业稳定。因此，国际中文教师国际理解素养的提升与业务能力的提升同样重要——国际理解素养对于维护国际中文教师职业稳定的价值越来越凸显。

同时，国际理解素养对国际中文教师的职业理念塑造也有重要影响。国际中文教师的工作环境比较复杂，在工作中还可能面临着社会文化差异等多方面的压力，国际中文教师在工作中面临着来自思想文化差异、意识形态分歧、媒体舆论博弈等多方面的压力，如果国际中文教师不具备良好的国际理解素养，那么工作中遇到纷繁复杂的异质文化时，容易出现"文化自卑""文化自负""文化虚无"等不良心态，也容易受到一些不良价值观的影响。在这样的国际环境中工作和生活，更加需要国际中文教师站稳立场，保持文化自信，用辩证的方法进行思考，提升自己的思辨能力。国际中文教师既要以开放包容的心态去了解世界文化、开阔国际视野，又要以从容自信的心态去积极推进国际中文教育事业的开展。将"开阔的国际视野"与"自觉的中国情怀"进行完美的融合，是国际中文教师必备的职业理念。

近年来，国际中文教师职业发展已经受到政府、学校和学术界的广泛关注，对国际中文教师的职业和专业发展提出了新的要求。专业能力和国际理解素养提升是国际中文教师的"两条腿"，是职业发展的两大关键环节。随着国际中文教育职业发展，对国际中文教师的专业能力和国际理解能力也提出了新要求——主动学习专业、提高国际理解素养以适应职业发展要求，已经成为时代使命，正是国际理解素养的新要求，促进国际中文教师不断创新国际理解方式，在学习创新中实现个体的自我完善，进而促进国际中文教师职业具有更旺盛的生命力，因此国际理解素养培养对于促进国际中文教师职业发展具有十分重要的价值。

3.2. 助力构筑"人类命运共同体"的语言之基

习近平总书记指出，人类是一个整体，地球是一个家园；推动"构建人类命运共同体"，不是以一种制度代替另一种制度，不是以一种文明代替另一种文明，而是不同社会制度、不同意识形态、不同历史文化、不同发展水平的国家在国际事务中利益共生、权利共享、责任共担，形成共建美好世界的最大公约数〔1〕。"人类命运共同体"理念已成为全球共识。在经济全球化、社会信息化的今天，习近平总书记指出要构建以合作共赢为核心的新型国际关系，打造"人类命运共同体"，建立平等相待、互商互谅的伙伴关系；营造公道正义、共建共享的安全格局；谋求开放创新、包容互惠的发展前景；促进和而不同、兼收并蓄的文明交流。

我国的国际中文教育事业，是加强交流互鉴、"构建人类命运共同体"的全球担当的一部分。在全球化背景下，国与国之间的发展息息相关，交往频率加剧，只有懂得去吸纳不同背景的文明，尊重和理解各个国家、各

---

〔1〕 参见张清敏：《人类命运共同体理念的外交意义》，载《历史研究》2021 年第 6 期。

个民族多种多样的文化，才能够与具有不同文化背景的世界人民进行沟通和交流。"国际理解"为国际中文教师将来站在更高的国际舞台上更好地展示自己奠定基础，也是各国共同应对世界挑战和寻求发展的关键。

孔子学院作为推动中外交流互鉴的重要力量，其宗旨表述为促进中文传播，加深世界人民对中国语言文化的了解，推动中外人文交流，增进国际理解。我们认为国际中文教育的目标不仅仅是教授中文、介绍中华文化，其最高目标应该是促进中外社会互动，实现世界人民的情感沟通，通过汉语的教学来构筑"人类命运共同体"的语言之基，实现高层次的国际理解。

习近平总书记提出要"构建人类命运共同体"，建设"一带一路"，推进世界的共同发展，这就对国际中文教师提出了新的要求，为了更好地满足这个时代、这个社会对于国际性人才的渴求和要求，国际理解素养便成为新时代国际中文教师必不可少的一项重要素养指标。

国际格局正迎来百年未有之大变迁，世界语言格局也在调整、发展和变化之中。"构建人类命运共同体"，推动各国共同繁荣发展，需要更好地发挥语言在增进理解、凝聚共识、促进合作、深化友谊中的独特作用。[1]国际社会需要与此相匹配的价值理念和共同体话语作为基石。中文是世界上使用人数最多的语言，进入 21 世纪以来，随着我国国际影响力的提升，中文学习者的人数不断上升，中文的交际价值也随之升高。国际中文教师面向国际友人进行第二语言教学、从事跨文化教育，虽然他们教授的是中国语言、传播的是中华文化、弘扬的是中华民族价值观，因为职业本身的性质要求其教学的过程中不可避免地要从中文、中华文化出发，但是又因为他们从事的是国际教育，面对的是世界各地的中文学习者，所以这一教师群体的特殊性在于他们常常是在另外一种社会、语言、文化环境中进行教学，这就要求国际中文教师在教学的过程中不但要立足本国语言和文化，还要同时放眼世界，将"中国情怀"与"国际视野"有机融合。而国际理解素养直接影响着这一"语言之基"的构筑，是国际中文教师实现这一目标的必不可少的核心素养之一。

---

〔1〕 参见《孙春兰出席第十三届孔子学院大会并致辞》，载 http://www.gov.cn/guowuyuan/2018-12/04/content_ 5345736.htm，最后访问日期：2023 年 10 月 31 日。

　　国际中文教师要根植中国风骨，培育世界担当。因为他们既是国际中文传播的先行官，还是推动"构建人类命运共同体"的民间使者。国际中文教育本身就是"构建人类命运共同体"的微观实践环节，正是各国走向开放、走向融合的大趋势推动了国际中文教育的产生和发展，也正是中文的广泛传播，推动着多元文化碰撞融合。中文教育健康发展必然要求教师具备较高的国际理解素养，只有深刻理解不同国家、地区相互联系、相互依存的程度空前加深，才能真正发挥中文教育促进"构建人类命运共同体"的作用，因而提高国际中文教师国际理解素养对于"构建人类命运共同体"具有最直接最基础的现实价值。在"构建人类命运共同体"的前景下，提升国际理解素养应是国际中文教师共同的努力方向。

国际中文教师国际理解素养的内涵与构成要素

2017年1月习近平总书记在联合国日内瓦总部的演讲指出，让和平的薪火代代相传，让发展的动力源源不断，让文明的光芒熠熠生辉，是各国人民的期待，也是我们这一代政治家应有的担当。国际中文教育事业在促进世界文明交流和互鉴方面发挥着重要作用。中文作为世界上最常用的语言之一，其在国际交流中的地位越来越重要。通过国际中文教育，世界各国人民可以更好地了解中国的历史、文化和当代社会，从而避免误解误读，促进相互理解与合作。此外，"人类命运共同体"强调各国间的相互依存和共同发展，而国际中文教育则有助于打破语言障碍，促进民心相通，为构建更加和谐稳定的国际关系奠定基础。国际中文教育的发展关键在于高水平的国际中文教师，那么，在国际中文教育的研究视野中，国际理解素养应该如何理解，国际中文教师的国际理解素养又应该包含哪些要素，这些问题值得我们深入研究。

4.1. 国际中文教师国际理解素养的内涵

随着"构建人类命运共同体"理念的提出和国家"一带一路"倡议的稳步推进，中国在力所能及的范围内承担更多责任义务，为人类和平发展作出更大的贡献的愿景正在逐步铺展。无疑，今天的国际中文教师正是国际中文传播的先行官，也是推动"构建人类命运共同体"的间接推进者，而与这一时代使命匹配的国际中文教师的"国际理解素养"也应得到明确界定。

　　当今世界互通与融合的发展大趋势不可逆转，不仅体现在政治方面的多极化，经济领域的全球化，更有文化交流的多元化。21世纪之初，纳米材料、基因工程、人工智能等高新技术的迅速发展，使人们社会生活的方方面面都产生了深刻的变化，尤其是飞速发展的信息技术大大缩短了人类生存的空间距离。"地球村"不再是一个遥不可及的概念，更是人们真真切切感受到的生活现实。生活在地球村中，人们发现：相互信任、相互尊重以及在此基础上产生的深刻的理解和包容，是"和平与发展"这一全球性主题的根基。实现世界和平的基础是不同国家、不同民族之间的相互理解与尊重，促进世界发展的基础是文化与文明的和谐共存。

　　国际理解力与国际竞争力的提升是复合型人才必备的基本能力，国际理解素养的不断提升也将成为复合型人才实现其职业发展的必经之路。顺应世界发展大趋势，重视培养本国公民的国际理解素养（开阔本国公民的国际视野，使其在一定程度上通晓国际规则，能够有效地参与国际事务与竞争）已经成为世界各国教育界的基本共识。

　　一方面，在世界舞台上，我国努力发挥大国作用、承担大国的责任与担当；另一方面，随着我国经济实力和文化软实力不断进步，社会各行各业都需要更多具有全球视野、擅长中外文化交流、熟悉国际经贸规则、拥有跨文化思辨能力的复合型人才。落实到教育领域，国际中文教师是我国与世界沟通的重要实践者，是我国向世界各国介绍真实中国的友好使者，是促进中外人文交流的沟通者，作为国家对外发展的专门性人才，其重要性不言而喻。由于国际中文教师的特殊工作性质，他们在工作中会更加直接地感受到国际交往中的民族文化差异、宗教信仰差异、思维方式差异、风俗习惯差异等问题，需要更高的国际理解素养，从容应对国际交往、避免潜在冲突，在充分理解差异、尊重差异的基础上，以语言的教学和文化的传播为起点，让中国更好地与世界沟通，也让世界了解中国，进而促进世界的和平与发展。因此，增强"国际理解素养"是国际中文教师应对时代挑战与顺应和平发展需求的重要基础，也是国际中文教师职业发展的必然要求。

4.1.1. 国际理解素养概念的产生与发展

从时间维度来看，国际理解素养可以以"国际理解教育"为根源进行研究。国际理解教育的研究最早由夸美纽斯（J. A. Comenius）开始，他也可以被认为是近代教育学的重要奠基人之一。夸美纽斯在其著作《泛智学校》中提倡建立学校的理念应该是利用教育活动直接或间接地促进世界的和平与发展；而他另一本影响更加广泛的著作是《大教学论》，这两本著作中都谈到了教育与促进世界和平与发展的重要关系，他的相关论述可以被理解为国际理解教育的发端。

两次世界大战给人类带来难以忘记的灾难与痛苦，在世界大战之后，世界人民痛定思痛，促进世界和平与发展、避免世界大战的悲剧重演，成为世界人民共同追求的美好愿景。在这样的时代背景下，联合国教科文组织于 1946 年在首届全体大会上提出了"国际理解教育"（Education for International Understanding）的理念。作为一种教育实践活动，它所贯彻的教育理念是以增进世界各民族、各种族之间的了解与尊重为核心。国际理解教育的意义在于加强世界各民族、各种族之间相互合作，为世界的和平与发展奠定基础。学者们一般认为"国际理解素养"就是从"国际理解教育"这一概念衍生出来的，也就是说，国际理解教育的最重要目标就是帮助学生提升国际理解素养。目前，全球化程度日益加深，世界各国之间的互动密切又频繁，涉及的领域也越来越多，因此国际理解素养是作为一名世界公民所必须具备的重要素养之一。

国际理解素养包含多个维度，比如世界文化知识、跨文化交际能力、多元文化认同态度等，可以说，国际理解素养涉及的因素众多且繁杂，要想提升国际理解素养，就需要对国际理解教育的产生与发展进行深度的研究。1948 年，联合国教科文组织发布了名为《发展青年的国际理解能力和国际组织教学》（The Development of International Understanding among Young People and Teaching about International Organizations）的报告，对国际理解素养的培养进行了基础性的探讨。这份报告不仅建议世界各国的教育部门和其他教育当局重视培养青少年的国际理解素养，还建议教育机构积极培育学生的责任感和社会合作精神，发展其对世界、社区的责任，还建议各国教育当局重视培养本国青少年的国际团结意识等，这些建议从不同角度促进了我们对国际理解素养和国际理解教育的理解，是非常有益的尝试。

联合国教科文组织定期召开的国际教育大会为世界各国的教育实践提供重要参考，其中第44届国际教育大会的召开极大地提高了人们对国际理解教育和国际理解素养的认识。该次大会的重要议题之一就是对国际理解教育进行总结与展望。大会共进行了6次主题会议，观察这6次会议的主题，不难看出大会对国际理解素养的重视，其中"为宽容和相互理解的教育：宗教的作用"、"相互开展外语教学：国际理解的一种因素"和"媒体和国际理解：为更好地理解提供信息"这三次会议的主题都直接或间接地提到了国际理解素养，同时也指明了外语学习与国际理解素养提升之间的重要关系，为国际理解教育的有效开展提供了可行的思路。

联合国教科文组织在其出版的《教育——财富蕴藏其中》一书中认为国际理解素养要求每个人获得一整套的知识，了解人类和环境的关系，能够批判性地分析各种事物和信息，同时还要尊重文化多样性。[1] 由此可知，国际理解教育与国际理解素养越来越受到重视。在全球化的背景下，国际理解素养的重要性日益凸显。各国政府、教育机构以及学者们纷纷致力于国际理解教育的研究与实践，以期提升公民的国际理解素养，促进世界和平与发展。

我国教育界历来也十分重视国际理解教育的开展和学生国际理解素养的培养，陆续出台了若干个相关文件，推动我国相关工作的有效开展。例如，我国新时期教育改革和发展的指导性文件《国家中长期教育改革和发展规划纲要（2010—2020年）》就明确提出，要加大力度发展国际理解教育，鼓励学生参与跨文化交流互动。另外，我国教育部编订的《中国学生发展核心素养》于2016年9月正式发布，对我国教育事业的发展产生了深远的影响，该文件明确提出了我国学生发展核心素养的几大维度，其中之一便是"国际理解"，强调学生应具备全球意识和开放心态，积极参与跨文

---

[1] 参见联合国教科文组织编：《教育——财富蕴藏其中》，联合国教科文组织总部中文科译，教育科学出版社2014年版，第13页。

化交流。这些内容能够明显地体现出我们对全球视野和尊重差异的重视。

4.1.2. 国际理解素养的一般性认识

4.1.2.1. 国外学者的研究和观点

对"国际理解素养"的研究应该从对"素养"一词的认识入手。相比我们生活中常用的"知识""能力""技巧"等概念，"素养"一词本身体现出更多的抽象性。一般认为，"素养"应该涵盖一个人所表现出的多个维度的、复合的、综合的素质和修养，是一个人经过长期的积累，逐渐沉淀、趋于稳定的素质和修养。这种素质和修养应该具有一定的稳定性，又同时具有一定的动态性。西方学者的对于"素养"的研究则更加具体，一般认为素养是一个人综合运用知识和技能来分析问题和解决问题的能力，这种理解从内部对"素养"的概念进行解析，比较清晰地描述了"素养"的内涵，虽然这一理解对"素养"的构成要素研究不够全面，但是为后续研究提供了良好的基础，产生了广泛的影响。因此，我们可以把"素养"理解为一个人根据自己的经验，选择特定的对象或活动作为发展对象，通过长期的、稳定的积累而建立起来的知识基础、技巧能力和心理素质的总和。

国内外对于"素养"一词的研究一直在进行中，也使该词汇以各种形式出现在生活中，例如，人们会谈论公民的基本素养、教师的专业素养、学生的核心素养等，这些特定人群或特定领域的"素养"都有其明确的目的和鲜明的特征，丰富了我们对"素养"这一概念的理解。

联合国教科文组织发布的《国际理解教育指南》为世界各国开展国际理解教育的行动提供了重要参考。《国际理解教育指南》提出，当今世界需要的人才应该是能够充分认识世界各民族之间的差异，理解并学习世界文化，拥有全球视野，以和平心态参与全球问题的思考与解决，具有积极的国际合作态度，对全人类的发展与挑战有真切的关注，以国际理解作为行动指南的国际人才，这一目标的实现过程其实就是对受教育者国际理解素养进行培养的过程。《第 44 届国际教育大会宣言》也对国际理解教育进行了阐述，该宣言不但明确了国际理解教育与国际理解素养的关系，还提出了国际理解素养的具体要求，主要涉及三个方面：一是充分了解本民族文化，二是以开放包容的心态接纳异质文化，三是积极、有效地参与跨文化沟通与合作，并在这个过程中逐步学会理解、学会尊重、学会共存，将自身先前的跨文化知识储备与跨文化交际实践中获得的经验、技巧内化为个人的国际意识。由此，我们可以认为"国际理解素养"包括国际理解知识、国际理解意识、国际理解态度及国际交往技能等。

思想和文化的差异在世界范围内普遍存在，而国际理解素养的重要内涵恰恰在于承认差异的客观性和意义，也承认差异存在的重要性和可理解性。我们作为人类群体的成员，只有在积极认识和理解差异的基础上，才能以包容开放的心态面对全球性问题，客观认识我们所处的环境，调动我们的意识、情感和实际行动能力，促进世界的和平与发展。

4.1.2.2. 我国学者的研究和观点

我国学者充分认识到了国际理解素养的重要意义，对国际理解素养研究兴趣浓厚，并对国际理解素养的内涵进行了不同的界定，为我国的"国际理解素养"的研究打下了基础。

目前，国际理解素养的研究在我国学术界也越来越受到重视，相关研究正在逐步深入，涉及国际理解素养研究的诸多细化分支。例如，李正福对中学生的国际理解素养进行了探讨，认为我国中学生的国际理解素养要从其是否能够主动关心国际事务、是否具有与外国友人进行跨文化交流的能力，是否对拥有世界文化知识等几个方面进行考察。

又如，金琦钦和张文军认为，国际理解素养是包括多种能力且涵盖面较广的归纳概括性较强的素养，其包括文化理解、文化包容、跨文化交际能力等[1]。

张蓉对国际理解素养研究更加深入，他不仅认为国际理解素养要求人们站在全球的角度考虑和分析问题，还特别强调了国际理解素养应该表现出来的四个意识。一是"开放意识"，认为开放意识是国际理解素养的最根本的认知基础；二是"世界公民意识"，认为这是促进人类共生、共存、共赢的关键因素；三是"对本国在国际关系中发挥作用的认可意识"，是国际

---

[1] 参见金琦钦、张文军：《"学会共存"视野下的学生国际理解素养评价》，载《教育测量与评价》2016 年第 9 期。

理解素养提升的动力源泉；四是"国际理解的能力意识"，是一个人能够持续提升自我的国际理解素养的根本动力。

凌一洲等学者认为，国际理解素养主要指培育学生包容文化差异的心态、全球合作的意识、共同应对挑战的责任感[1]。

武婷婷认为，国际理解素养的研究具有重要意义，我们应该努力培养具有深厚的中国情怀、宽广的国际视野和良好的国际理解素养的现代公民。具体来看，在教学中可以通过跨文化的交流、合作与分享来培养学生的世界公民意识、拓宽学生的国际视野，从多个角度增强学生的国际理解素养。

当然，也有学者使用"国际化素养"这一术语，我们认为这两个术语本质上是相同的。有学者将国际化素养定义为：那些能够帮助我们利用跨学科知识了解全球动态，处理国际和全球问题知识和技能。此外，国际化能力还包括世界公民所拥有的尊重其他文化的态度和价值观，这样的态度和价值观可以使人们能够与来自不同地区的人们进行平等的互动与互惠的合作。

以上提到的研究有着不同的侧重点，为我们后续的研究提供了有益的参考，经过综合分析我们认为，"国际理解素养"的一般性理解可以以2016年9月在北京师范大学正式发布的《中国学生发展核心素养》为依据。其中提到的诸多核心素养之一即为"国际理解素养"，具体表述为具有全球意识和开放的心态，了解人类文明进程和世界发展动态；能尊重世界多元文化的多样性和差异性，积极参与跨文化交流；关注人类面临的全球性挑战，理解人类命运共同体的内涵与价值等。

4.1.3. 多重视角下的国际理解素养

"国际理解"这一概念的起源可以追溯到古希腊时期，那时斯多葛学派（the Stoics）就提出过与国际理解相似的理念。斯多葛学派主张人类普遍的道德原则，强调道德规范的普遍性和超国家性，为后世的国际理解奠定了基础。

然而，"国际理解"真正成为现代教育的一个重要组成部分，要归功于

---

〔1〕 参见凌一洲等：《渗透国际理解素养培育的化学史教育》，载《化学教学》2019年第9期。

14世纪的近代教育学创始人夸美纽斯。他被认为是国际理解教育的奠基人和积极推动者。夸美纽斯主张教育应以培养人类的普遍真理为目标，强调教育对于和平与幸福的重要性，希望通过教育为世界的永久和平奠定思想基础。

夸美纽斯的这一理念，体现了国际理解教育的核心价值。他认为，只有通过了解和尊重不同国家的文化、历史和价值观，才能培养学生具备国际视野和全球意识。这种意识有助于消除误解和偏见，促进国家间的友好合作，为实现世界和平创造条件。

从古希腊时期的斯多葛学派到14世纪的夸美纽斯，国际理解的理念不断发展演变。现代教育中的国际主义，不仅包含了国际理解的相关思想，还强调跨文化交流、国际合作和世界公民意识。这些理念为培养具有国际理解能力的人才奠定了基础，有助于推动世界各国之间的相互了解和友谊，为实现全球和平与发展作出贡献。

而我国古代就有"天下主义""家国天下"等思想，儒家思想传统中存在着一种立足于地域性进而共同追求天下大同的思想，可以说这和我们今天所提到的"国际理解"有着深刻的内在联系。

"天下主义"与"家国天下"是中国传统哲学中的两个重要观念。"天下主义"是一种以天下为己任，追求天下大同的道德观念。它起源于先秦诸子，如墨子、孟子等人的思想，并在后世得到了进一步的发展。"天下主义"的内涵之一就是"天下大同"，强调各国、各民族之间的和谐共处，共同进步。"家国天下"则是另一种重要的中国传统哲学观念，它强调家庭、国家与天下的紧密联系。这一观念起源于古代儒家思想，如孔子、荀子等人的学说，并在后世得到了广泛的传承和发展。"家国天下"的核心理念是"仁爱"，提倡人们对自己的家庭、国家和天下担负起责任，为实现社会和谐、世界大同而努力。在现代社会，"天下主义"与"家国天下"仍具有重要的现实意义，尤其是在全球治理方面：借鉴"天下主义"的天下为公、和谐共处等观念，可以推动国际治理体系更加公正、合理，推动各国、各民族共同进步，共同应对全球性挑战。

随着全球化进程的加速，以上提到的观点得到了学术界的持续关注，而国际理解教育也逐渐被纳入世界公民教育的框架之内。国际理解素养研究所涉及的领域也是十分广泛的：在这个日益多元化的世界中，了解和接纳不同文化背景的人是构建和谐国际关系的基础。而人们的全球意识意味着关注全球事务，认识到世界各国的相互依赖关系。同时，在全球资源日益紧张的背景下，可持续发展观念有助于人们更好地适应时代变化。除此之外人类还面临着许多共同的挑战，如气候变化、恐怖主义等。在这些研究主题的背后是对国际理解的多角度诠释。

一、公民教育视角下的国际理解素养

"公民"（Citizen）的概念是与国家的概念相关联的。公民身份通常是指在具有自主主权的政治实体境内居住的人民的成员资格。公民身份的内涵丰富，包括公民权利、公民义务、公民责任等方面。因此，可以说，脱离"国家"便不存在"公民"，各国通过开展公民教育（Citizenship Education）来培养民族团结和公民归属感，这是至关重要的途径。

公民身份教育旨在培养具有良好公民素质的公民，使他们在国家政治、经济、文化、社会生活中发挥积极作用。公民教育的内容涵盖了多个方面，包括国家法律法规、公民道德、民族认同、社会责任等。公民教育不仅关乎个体的发展，更关乎国家的繁荣与稳定。

然而，在全球化程度日益加深的今天，人们逐渐突破了国家的边界，全球人口流动性大大增强。在当今世界，全球化、信息化、多元化的发展趋势对公民教育提出了更高的要求。谈论一个人的身份与归属时可以涉及国家与国际两个层面，显然传统的公民教育不足以适应"全球化"社会的现实。在全球化的发展的进程中，今天的公民教育应该包括"世界公民素养"的教育。"世界公民素养"体现了一种超越国家认同的思维方式，它不仅仅关注本国利益，更具有全球性的关怀。在这个全球化的时代，世界公民意识变得越来越重要。它主张各国人民在全球范围内享有平等的权利和义务，提倡国家间的相互尊重、理解和合作。

在世界公民教育的研究视域下，"国际理解素养"毫无疑问会与"世界公民素养"存在深刻的内在关联。"世界公民素养"的内涵应该包括全球视野、平等观念、互利共赢与责任共担意识、尊重多样性和促进全球治理的思维方式，等等。目前，以培养民族团结和公民归属感为导向的公民教育传统受到了挑战，人们现在更加关注个体身份的多元性、变化性和重叠性的问题。世界公民素养为生活在以多样性为特征的社会中的人们提供了思考与行动的基础。"世界公民素养"要求人们认识到自己与世界上其他人的联系，并且能够对自己的身份充满信心，关注社会正义，努力推动和平、人权和民主，强调公民要通过参与全球事务而发挥积极作用。同时，公民教育视角下的"世界公民素养"研究强调：培养世界公民素养难以完全在学校里实现，公民素养的提升不可能一蹴而就，需要在社会环境中不断磨砺与发展。

二、新自由主义视角下的国际理解素养

新自由主义（Neo-liberalism）或称新古典自由主义（Neo-classical Liberalism）是 20 世纪 70 年代以后在全球范围内逐渐崛起的一种政治经济理念。这一理念主张市场机制在资源配置中起到至关重要的作用，强调完全自由竞争的市场经济体制。新自由主义认为，贸易自由化有助于提高全球经济的效率，推动各国之间的互利共赢。与此同时，新自由主义坚决反对过度的国家干预，主张政府尽量减少对市场经济的介入，以免破坏经济自由，妨碍市场的自由发展。这种思想对社会的发展影响巨大，不可避免地，它也逐步渗透到了教育领域。从国际理解教育的开展情况来看，新自由主义影响下的国际理解教育更注重全球胜任力的培养，强调比较优势、强调竞争的重要地位，充分体现出全球胜任力对身份的处理是以经济为基础的。

全球胜任力的培养中蕴含着国际理解素养的因素，全球胜任力的培养，主要注重以下几个方面：一是个人的职业竞争力，即个人能够在全球范围内参与竞争和合作；二是通过培养人才，加强国家的竞争力。但是新自由主义视角下的全球胜任力培养并不完美，有一定的消极影响。在新自由主义思潮的影响下培养学生的国际理解素养，虽然强调了批判性思维、创造性思维、问题解决能力等高阶能力及高阶思维的重要性，但更多的是将人力看作另外一种形式的资本，其终极目标是提升国家的经济竞争力，所以

说这种视角的"国际理解素养"有比较明显的工具主义倾向。

三、文化视角下的国际理解素养

"文化"是一个内涵丰富、外延广阔的概念。文化贯穿人类社会的各个方面，广义的"文化"概念可以包含许多组成部分，例如科学、文学、语言、艺术、宗教以及人类社会的各种活动，如经济、政治、教育等。狭义的文化涉及艺术、音乐、文学、道德、理想等，这些内容构成一个庞大的系统结构，将人类的精神世界和物质世界紧密联系起来。

将国际理解素养置于全球化时代的多元文化视角下进行研究，首先需要承认文化多样性是全球化时代显著的特征之一。不难发现，一个人如果想发展国际理解素养，那么他对自身文化与其他文化的思考是必不可少的。

班克斯（Banks）被誉为"多元文化教育之父"，他的贡献在于提出了关于文化身份的不同阶段，这些阶段分别为：文化自卑阶段（人们对自己文化认同的初级阶段，即个体对自己的文化传统缺乏足够的自信，甚至产生自卑情绪）、文化封闭阶段（个体对自己的文化保持一种保守的态度，心理及行为上排斥其他文化）、文化澄清阶段（个体开始对自身文化进行深入思考和反省的阶段，审视文化中的优点和不足）、双文化阶段（个体能够同时接纳和融入两种文化，形成一种共存、互补的文化认同）、多元文化阶段（个体能够尊重、欣赏并融入多种文化）以及世界主义阶段（个体超越了民族、国家、文化的界限，追求全人类共同的价值和利益）。可以看到，世界主义阶段是文化身份发展的最高境界。在这个阶段，人们以世界公民的身份参与国际事务，为世界的和平与发展贡献力量。这一理论模型为我们理解文化身份的演变提供了有力的框架。

依据班克斯的观点，能够认识当今全球文化的现状、处理自身文化与其他多种文化的关系至关重要。要正确认识当前全球文化现状，并妥善处理自身文化与其他多元文化之间的关系需要做到：

首先，关注人们对不同文化的"理解"。这将是提升国际理解素养的基础，国际交往中，双方的观点能够得到进一步的阐释与讨论的空间，进而对他者的文化做出语境化的理解是提升国际理解素养的基础。这种文化理解必须是基于平等身份做出的，是双向的，也是动态的，只有做到这三点才算真正做到了"文化理解"。

其次，关注人们对不同文化的尊重态度。如何面对文化差异，应该持什么样的态度，是国际理解素养需要解决的问题。文化视角下的国际理解素养认为，对其他文化采取排斥甚至敌对的态度，或者采取同化主义的观点都是不明智的。当然，我们也需要认识到，对不同文化持尊重态度，并不是要求人们对其他文化的全部内容照单全收，而是强调尊重某一国家或民族传承、发展其文化的权利。

最后，关注文化交流与互动。要想真正做到理解与尊重文化，进行有效的跨文化交流是必不可少的环节。在互动的情境中，双方可以针对某一现象或行为进行意义方面的澄清和解释，通过沟通对话来避免歧义，减少偏见。当然这个过程也需要运用跨文化思辨能力这一高阶能力，依据一定的价值观念和是非标准，学会辨别与选择，以此为基础的文化交流与互动才会是深层次的。

四、我国传统文化中对国际理解素养相关问题的理解

首先，我国儒家倡导的"天下观"蕴含着对国际理解素养的深刻理解。儒家文化中的"天下观"不仅仅是一种思想观念，更是一种行为准则，它强调的是人类社会的和谐共处和共同发展。这一观念包含了丰富的国际理解素养内涵，为我们在全球化背景下处理国际关系提供了有益的启示。

对"天下"的理解应该从地理和价值两个角度入手：一是古人对以中原为中心的地理空间的认知；二是天下代表的一套理想的人与自然及社会的伦理秩序。《礼记·礼运》中描述的大同景象，体现了我国古代人民对未来社会的美好愿景，即一个没有战争硝烟、人们和谐相处、生活丰衣足食的社会，是人类可以达到的"天下为公"的理想世界。儒家倡导实现"天下为公、天下大同"的理想，这样的价值理念与秩序在我国一直传承了两千多年。

其次，我国传统的"和而不同"思想从另外一个角度体现了我国文化视角下的国际理解素养。"和而不同"这一思想源于我国古代哲学家的智

慧，其核心是提倡人与人、国与国之间的和睦共处，但在追求和谐的过程中，并不强求完全一致。在这个全球化的时代，各国之间的文化交流日益密切，不同文化之间的碰撞也在所难免。在这种情况下，践行"和而不同"的思想显得尤为重要。我们应该学会尊重其他国家和民族的文化特色，理解他们的价值观念，避免因为文化差异而产生误解和冲突。与此同时，我们要保持开放的心态，乐于学习和借鉴其他文化的优点，从而丰富自己的文化内涵。

在处理国际问题时，我们应秉持"和而不同"的原则，尊重各国的主权和独立，不对其他国家的内部事务指手画脚。在国际事务中，我们要坚持和平共处五项原则，努力维护世界的和平与稳定。同时，我们要坚决反对任何形式的文明优越论和文明中心论，认识到各种文明都有其存在的价值和意义，共同构成了丰富多彩的世界文化。只有当我们真正理解和践行"和而不同"这一思想，才能够建立起一个和谐的国际秩序，实现世界各国人民的共同繁荣。

最后，我国传统的"道德观"蕴含着对国际理解素养的理解。中国文化一直有重视道德的传统，我国传统的道德观提倡"己所不欲，勿施于人"的态度。我们可以将"己所不欲，勿施于人"所蕴含的互相理解理念作为基础，沿着道德观指引的方向，从爱自己与家人的基本立足点出发，把"爱"的对象推及全人类与全世界，实现爱自己、爱家人、爱世界的美好愿景。人类具有道德感是实现"天下为公、天下大同"的理想的根本前提。结合当今的国际形势，我国的道德观就要求人们能够秉持正义和道义，尊重国际法和国际准则，坚决抵制各种不道德行为，如强权政治、霸权主义等。事实上，这些内容正是当今世界国际理解的题中应有之义，从我国传统"道德观"的角度对国际理解素养进行解读是更加关注精神追求的解读角度。

4.1.4. 国际中文教师的国际理解素养

国际理解涵盖了"国际"和"理解"两个范畴，但这是一个有机命题，绝非"国际+理解"的简单组合。"理解"对人类有重大的意义，"国际理解"的核心是"理解"，同时，国际理解也是对"国际"这一对象的自觉认识和内化重构。国际理解是一个富有深意且具有重要意义的概念，其主要目的是促进不同国家、民族和文化之间的相互理解和交流，以实现和谐共处、和共同发展的愿景。国际理解并非简单地将各国之间的理解相加，而是一种全新的理解理念和理解范式，具有丰富的内涵和多个层次。这种理解不仅关注国际层面的问题，同时也关注在不同的文化背景下如何进行有效的理解与沟通。要想实现和谐共处、共同发展的目标，国际理解是不可或缺的重要条件。

我们需要明确，国际理解的概念并非局限于政治或经济领域，而是涵盖了更为广泛的层面，包括文化、社会、历史、宗教等诸多方面。这种理解要求我们跳出单一的视角，以更为宽广的视野去看待各国之间的差异和相似之处。国际理解强调的是相互理解，这意味着我们要摒弃对他国的偏见和刻板印象，以开放的心态去接纳和尊重不同的文化。这要求国家之间应该秉持平等互利原则，突出国际交往的包容开放性及共生共存性，促进国际友好合作，强调人类社会的共同利益和共同发展，维护世界和平与稳定。国际理解是一种动态的过程，而非静态的结果。在全球化日益加深的今天，各国之间的互动和联系日益紧密，国际理解也需要不断地更新和深化。这意味着我们要紧跟时代发展的步伐，不断提高自己的认知能力和判断力，以便更好地应对国际事务中的各种挑战和问题。

"国际理解"成为核心素养的重要组成部分，既尊重了历史发展脉络，又符合当前的现实情境。受时代发展需求和环境变化的影响，在 21 世纪全球化的背景下，"国际理解"可能存在不同的诠释和目标指向，那么自然而然地，接下去我们要思考的问题就是：如何认识国际中文教师这一特殊群体的"国际理解素养"？本节尝试立足于国际中文教师的时代责任与现实情况，对国际中文教师的"国际理解素养"进行研究，构建国际中文教师的国际理解素养的要素构成，为提升国际中文教师的国际理解素养提供一点启发。

在国际交往日益频繁的今天，国际理解素养是每一个世界公民都应该具备的基本素养。目前世界上已有许多国家在这一领域进行了持续的研究，也取得了相当多的研究成果。这些研究成果落实在教师个人及语言教师职业发展中，很大程度上促进了该国国际理解教育的发展与改革。我国教育界对国际理解素养的思考与解读也关系到我国国际理解教育事业的发展，尤其是第二语言教师这一群体的国际理解素养更值得引起重视。对于国际中文教师这一国际性职业而言，国际理解素养更是需要具备与掌握的核心素养之一。

要探索国际中文教师国际素养的发展与提升，就要准确理解国际中文教师国际素养的科学内涵并把握其内在价值。国际中文教师所从事的职业特殊性决定了其国际理解素养的独有内涵。国际中文教师的国际理解素养是一般性国际理解素养的特殊表现形式，是普遍与特殊、一般和个别的关系。

首先，相较于其他行业的从业者，教师这一群体应该体现出更高的国际理解素养。国际中文教师从本质上来说是教书育人的教师，之前我们已经探讨过：无论是在东方文化中还是西方文化中，教师这一职业都跟医生、建筑师、工程师、律师等职业一样是公众普遍承认的具有高度"专业性"的职业。教师不仅继承、传授人类文化科学知识，而且还在开发学生智力、塑造学生价值观等重要领域发挥着不可替代的作用。在教育过程中，教师起主导作用，教师的国际理解素养会在潜移默化中影响学生，毫无疑问也会影响到学生国际理解素养的发展，因此教师这一职业的特殊性使其对国际理解素养有着特殊的要求。

其次，国际中文教育事业对国际理解素养的特殊要求。国际中文教育事业是我国提供给国际社会的重要公共文化产品，也是我国对外发展语言文化传播事业的表现形式，对我国国家语言能力的提升具有重要作用。国际中文教育事业毫无疑问具有典型的"国际性"，它所面对的教育对象来自不同的国家、有着不同肤色、属于不同的人种或民族，国际中文教学的教室往往就是一个小联合国的缩影。由此可知："国际理解"正是国际中文教育事业的应有之义，这也使得国际中文教育事业视域下的国际理解素养具有特殊重要的地位。

任何实践活动都离不开人，国际中文教师是发展和推动国际中文教育的关键，是国际中文教育发展的根本推动力，而师资水平的提高决定着教育质量提升的可持续性。由于国际中文教师的工作性质，他们的国际理解素养至关重要。

国际中文教师是我国国门打开后教师职业领域的拓展，是一类特殊的教师。说他特殊是因为国际中文教师具有复杂的身份特征：教师、国际中文教师、世界公民三位一体的身份是其区别于其他教师的内在支撑。这三个身份中，最容易被忽略的就是世界公民这一身份。对自身世界公民身份的充分认同，是国际中文教师完成好语言教学及文化传播这一主线任务的基础。因为，国际中文教师只有在教学过程建立良好的中外师生交流关系，实现中外差异的理解，体现出开阔的国际视野、崇高的多元包容境界，才能更好地适应其所从事的职业的国际性，也才能较好地完成教学任务。

相较于在国内开展对外汉语教学的教师，在国外从事中文教学的国际中文教师面临着更加复杂的教学环境。国际中文教师需要具备丰富的国际知识和专业能力，他们需要了解不同文化背景下的学生需求，以便更好地适应不同的教育环境和工作场景。最重要的是，国际中文教师需要具备"人类命运共同体"的基本意识，尊重和包容不同文化背景的学生，培养学生的国际视野和跨文化交流能力，并努力促进不同文明之间的交流和互学互鉴。

因此，在深入探讨国际中文教师的国际理解素养内涵时，我们需要全面考虑国际中文教育的总体目标，同时密切关注"构建人类命运共同体"这一终极目标。在此基础上，我们进一步分析如下：

首先，从国际中文教育的总体目标出发，我们可以明确一点，国际中文教育以"语言教育"为核心。然而，与此同时，我们不能忽视国际中文教育作为一种以语言能力训练为基础的"国际理解教育"的属性。在国际中文教育的推进过程中，它已成为推动国际理解教育快速发展的重要力量之一。

其次，在界定国际中文教师国际素养内涵的过程中，我们务必要重视本土文化自信的理念。在国际理解教育中，兼顾文化自信与国际借鉴至关重要。在界定视角方面，我们需要关注国际竞争实力的发展与人类命运共同体的认同。

进一步来看，要全面提升国际中文教师的国际理解素养，我们需要关注以下几个方面：

1. 语言能力：国际中文教师应具备扎实的语言基本功，包括听、说、读、写等方面的能力，以便在国际交流中顺畅沟通，有效传递信息。

2. 文化素养：国际中文教师应对中华传统文化和现代文明有深入了解，并能将其与世界各地的文化相融合，使学生在全球化背景下具备跨文化沟通能力。

3. 国际视野：国际中文教师应关注全球发展趋势，具备国际视野，帮助学生了解世界各国的历史、政治、经济、科技等方面的发展状况，培养具有国际竞争力的优秀人才。

当我们将以上提到的意识、能力、目标等全面考虑进去时，我们就会发现国际中文教师国际理解素养内涵是丰富而深刻的：是自身及外在长期有效培养内化中对国际理解吸收把握的基础上，能以此国际理解情感态度和价值观在国际中文教育交际情景中应用，进行语言文化教学传播、国际理解教育实施、跨文化交际的综合能力；在对国际社会的全面认识、差异理解、化解冲突的过程中，以培养世界公民为目标开展、组织课堂教学；提升学生中文水平同时注重增强其国际理解情感，深化个人国际理解认知，进而将国际理解素养的感性认识上升到理性认识，内化为个体认知，转化为情感态度、对象化为教学实践能力，并通过教育语言、行为、风度、气质反映出来，所形成的内外兼并的国际理解素质及修养。[1]

其中，尤其需要我们注意的是，对国际中文教师的国际理解素养进行探讨，一定要以"构建人类命运共同体"理念作为理论指引，一定要立足于时代赋予国际中文教师的历史使命与责任担当去思考国际中文教师国际理解素养的内涵、要素及提升路径等问题。国际中文教师的国际理解素养应该与时代背景紧密相连，应该根据时代的发展和需求不断完善。

4.2. 国际中文教师国际理解素养要素构成原则

一般来说，"素养"由众多元素共同构成。依据国际中文教育事业的现实情况，对国际中文教师的国际理解素养的内涵进行深入剖析，是本研究

---

[1] 参见邓雪梅：《国际中文教师国际理解素养培养现状与改进策略研究》，西南大学 2022 年硕士学位论文。

的关键环节。在解构国际理解素养时，应以其构成原则为思考的起点，具体的各项构成要素则是思考的结论。只有依据合理恰当的原则，才能厘清国际理解素养的要素体系，体现出其应该具有的综合性、层次性、动态性、实践性和个性化等特点。

合格的国际中文教师必须具备多方面的素质和修养，其中国际理解素养便是不可或缺的一环。要想深入探讨国际理解素养的内涵，我们必须首先明确其构建的原则，确保各个要素之间存在本质联系，进而形成一个有机整体。只有这样，我们才能说这位国际中文教师真正具备了国际理解素养，否则，便有可能背离这一素养的核心价值。

一是本土性与国际性统一的原则。对于国际中文教师来说，没有宽阔的国际视野就容易走入狭隘民族主义的误区；反过来看，如果只有国际视野，而忽视本土观念和民族情怀就容易使国际中文教师陷入文化虚无主义和空头国际主义的泥潭，会严重削弱其国际认知的民族基础。虽然国际理解素养高度重视国际视野、全球担当的重要性，但任何全球化问题的解决都必然以民族情怀为思想及情感基础。只有以尊重和认同本民族文化为认识起点，才能对世界多元文化进行深入思考、才能对来自不同文化背景的学生展现出充分的包容和理解，从而进一步发展出尊重和理解不同民族、地域、国家的文化的全球情怀。

二是普遍性与特殊性统一的原则。国际理解素养是一个具有综合性和实践性的概念，它包含了丰富的内涵，既包括对国际事务的了解，如国际政治、经济、文化等领域，也包括跨文化沟通技巧、外语能力、国际法律法规等方面的知识。此外，国际理解素养还强调人的价值观和道德观的培养，使人们能够尊重不同文化、平等对待他人，共同维护世界和平与可持续发展。

国际中文教师国际理解素养既应该有国际理解素养的一般性认识，即本质与内涵上的相同点，又应该有与其身份、职业、从业国别等因素相关联的特殊性认识。教师这一职业本身就决定了国际中文教师的国际理解素养程度不能低于一般公民，同时也要求他们对国际理解素养的认知要高于其他职业的从业者。也就是说，国际中文教师的国际理解素养可以从几个"统一"的角度来理解。首先是公民身份与教师身份的统一，其次是教师身份与语言教师身份的统一。国际中文教师从事的教师职业是一个大类，是我们所说的"普遍性"，同时，国际中文教师又从事的是中文教学事业，这是我们所说的"特殊性"。教师国际理解素养要素虽然具有一致性，但国际中文教师的工作内容又体现出鲜明的特点。例如，国际中文教师所应该具备的世界知识体系中必然要包含比较多的世界语言知识，这是其开展教学的重要基础。所以说坚持特殊性与普遍性的统一来思考国际理解素养要素，才能既具有普适性，又具有针对性。

三是外显性与内隐性统一的原则。这一原则要求我们在认识和处理各种社会现象时，既要关注显性的、表面的现象，也要深入挖掘隐性的、本质的原因。将外显性与内隐性有机地结合起来有助于我们全面、深入地理解问题，从而更好地指导实践。国际理解素养是适应当今社会的重要品质和核心能力之一，而素养从本质上说是人们在后天通过不断训练获得的一种内在特质。国际中文教师将国际理解素养内化为自己世界观、文化观及跨文化交际能力的一部分，需经过一段时间的内在消化，将其转化为态度和能力，这是一个需要不断累积的过程，从而使得国际理解素养的形成体现出一定的滞后性，同时世界文化知识水平的量化评估也比较困难，这些都是内隐性的。但是，国际理解素养又可以通过教师日常的教育活动等方式来显现出来，这就是国际理解素养的外显性。因此，国际中文教师的国际理解素养兼具内隐性与外显性，二者相辅相成。内隐性表现为素养的内化过程，为外显性奠定基础；外显性则是素养外化的过程，彰显内隐性的内涵。这两个过程共同推动国际中文教师国际理解素养的提升。

四是整体性与互补性统一的原则。国际理解素养是一个涵盖众多领域的综合性素养，包括跨文化沟通、国际视野、全球议题理解等。这些要素相互关联，共同构成了一个完整的国际理解素养体系。每个要素都有其独特的作用，相互补充，共同促进国际理解素养的提升。从基础的跨文化沟通技巧，到对全球议题的深入理解，再到国际视野的拓展，每个层次都有其特定的目标和要求，相互衔接，形成一个有序的体系。

遵循这些原则，我们将国际理解素养的各个要素有机地结合起来，形成一个完整的国际理解素养体系。

4.3. 国际理解素养的要素构成

在新时代的语境下，国际中文教师的国际理解素养应该有哪些构成要素呢？

很多学者认为知识、态度和能力是国际理解素养的重要元素，持这样观点的学者有刘洪文、张蓉、许洁等。

刘洪文和张蓉认为国际理解素养可以从知识、态度、能力这三个层面进行划分：知识层面（即本民族历史文化、世界历史地理、他国文化习俗、思维方式等知识）；态度层面（在充分认同本民族文化的基础上自觉运用全球视野思考问题的情感、态度）；技能层面（能够以开放包容的心态理解和尊重不同的价值观，能够有效开展跨文化交际活动的能力）。

许洁也从知识、态度和能力三个维度对国际理解素养进行探讨，但许洁更多地考虑了一些更加贴近当今时代发展的因素，所以在每个维度的具体阐述上，与之前的研究有所不同。首先，将"国际议题"或"全球性事务"纳入知识维度。其次，在态度维度上看，许洁提出不仅仅要尊重他人，也要重视、尊重自我，尊重自我与他人是一个问题两个方面，应该得到同等的重视。最后，技能层面上，根据时代的发展强调了信息处理能力。这些思考都进一步丰富了国际理解素养的研究成果。

应该说，刘洪文和张荣以及许洁的划分清晰、阐述清楚，十分具有启发意义，为后续研究奠定了坚实的基础。

我国《国家中长期教育改革和发展规划纲要（2010-2020 年）》提出，教育"国际化"的目标是培养"具有国际视野、通晓国际规则、能够参与国际事务和国际竞争"的人才。中国国际交流协会据此细化了一组"国际化素养指标"，将上述培养目标分别划入"情感态度价值观""知识层面""能力层面"，对应着一系列的评价要素。该指标体清晰完整，是对已有的研究成果的综合与拓展，认真理解"国际化素养指标"的内在逻辑及要素构成对国际中文教师的国际理解素养研究具有重要参考价值。

国际化素养指标（评价指标）：

维度一：具有国际视野（情感态度价值观）

一级指标：

1. 理解和尊重不同国家的文化，包容不同民族不同的文化

2. 从国际化大背景下思考问题

3. 能关注全球化问题

评价要素：

①不随意评判它文化中与本文化不同的风俗习惯

②在他国能遵守其文化习俗

③能够通过不同媒体关注全球热点问题

维度二：通晓国际规则（知识层面）

一级指标：

1. 了解国际交流基本礼仪

2. 了解他国的文化习俗

3. 了解国际交往中的基本规则

评价要素：

①具备良好的国际语言知识

②了解他国历史、地理、文化、政治

③了解国际交往的基本礼仪

④了解国际交往的基本原则

维度三：参与国际事务和国际竞争（能力层面）

一级指标：

1. 具有国际沟通能力

2. 具有跨文化合作能力

3. 具有跨文化交流能力

4. 具有批判性思维

评价要素：

①具有良好的国际语言能力

②具有良好的跨文化合作能力

③具有良好的跨文化交流能力

④能恰当表达自己的不同见解

（资料来源：中国国际交流协会，2014）

综合前述理论探索与实践研究，王晓宁、浦小松聚焦中小学教师的国际素养，将其划分为知识性维度、工具性维度、能力性维度和情感性维度四大指标层次。具体内容如下：

表2　"中小学教师国际素养测评"问卷框架[1]

指标 Benchmarks	编号	题项 Items	分量 Components
知识性素养	1	中国文化和外国文化相比的主要特色，比如艺术、语言、习俗等方面	文化思想和历史地理
	2	形成中国国情和外国国情差异的重要历史地理原因	
	3	目前的国际政治形势，如世界战争与和平的情况	国际政治、经济社会
	4	目前的国际经济形势，如发达国家和发展中国家的合作与竞争情况等	
	5	各国民间社会的发展情况，如慈善事业、医疗、教育、竞技、娱乐等方面	
	6	国际交往中的基本礼仪和基本禁忌，如着装、举止等	国际规则和国际礼仪
	7	重要国际组织如联合国世贸组织及其基本宗旨	
	8	国际上在教育教学领域的职业规范和职业道德	
	9	中国目前的基本外交政策、外交原则	
工具性素养	1-4	听说读写附整体自评	外语沟通
	5	当我想了解国际热点时，能够通过互联网搜索社交网络等媒介有效收集信息	国际信息辨识能力
	6	我能够在复杂的国际信息中辨识真伪	

[1]　参见王晓宁、浦小松：《基础教育国际化视野中的教师国际素养测评研究》，载《基础教育》2017年第5期。

指标 Benchmarks	编号	题项 Items	分量 Components
能力性素养	1	如果有机会和外国人交流，我能够表现得友好、和善，容易沟通	互动合作能力
	2	能够有效应对中外思维差异带来的冲突	
	3	能够向国际友人介绍自己的国家和故乡	
	4	能够认知当下全球的重要议题，如环境保护、全球金融危机等。	思考与批判能力
	5	能够察觉和反思国际交往中的偏见和歧视	思考与批判能力
	6	能够理解中国在当今国际社会中的角色和地位	
情感性素养	1	尊重并欣赏世界不同文明的独特之处	理解文化多样性
	2	如果有机会接触外国人，愿意与他们打交道，不回避外国人，或者不会只愿意与同胞在一起	良好的沟通意愿
	3	愿意及时调整跨文化沟通不畅带来的挫折感等	
	4	愿意为世界和平与进步做出努力和贡献	全球责任感
	5	在日常生活中注重节约、环保等，维护可持续发展	
	6	我认为中国在国际事务中是一个负责任的大国、我认为中国未来有巨大的发展潜力	本土认同

除了以上研究，还有很多学者也对国际理解素养进行了研究。金琦钦认为，当今时代应该大力推进国际理解教育，进而提升大众的国际理解素养。也就是说国际理解教育与国际理解素养的关系是教育手段和教育目的的关系。国际理解素养不是某一个群体应该具备的素养，而是当今世界公民为适应社会发展而必须具备的基本素养。对于国际理解素养构成要素的问题，金琦钦倾向于认为国际理解素养可以划分为知识、技能、价值观、行为四个维度。同时，金琦钦的研究还对构建国际理解素养的评价模型进行了有益的尝试，拓展了相关研究的视野。

以上这些研究为国际中文教师的国际理解素养的解析提供了坚实的研

究基础和有益的理论借鉴，根据这些研究成果，结合国际中文教育事业的发展实际，我们认为国际中文教师的国际理解素养应该包含"知识维度""能力维度""情感态度维度"，每个维度又可以细分为若干个小的方面，这些内容共同构成国际中文教师国际理解素养的框架体系。

4.3.1. 知识维度

"知识就是力量"，知识丰富的人会具备强大的思维能力和处理问题的技巧，掌握的知识越多，就越能理解问题的本质，从而迅速找到解决问题的关键所在，能够在面对各种问题时游刃有余，实现触类旁通。在这个日新月异、信息爆炸的时代，知识的积累和运用显得尤为重要。

国际理解素养的知识维度是指国际中文教师应掌握丰富的世界文明知识及中华文明知识，有深厚的知识储备作为其开展工作的基础。一个合格的国际中文教师国际理解素养的形成、提高离不开其知识储备的不断扩充，他们需要在不断学习、不断积累、不断更新国际理解知识体系的过程中筑牢其国际理解素养的基础。国际中文教师国际理解素养要体现出知识的"专"与"深"、"广"与"博"的结合。国际中文教师的"专"与"深"是指对语言教学所需知识的深度掌握，成为领域内的专家，具备较高的专业素养和技能。"广"与"博"则是指知识面广泛，跨学科、跨领域地吸收各种知识，形成丰富的知识体系。

国际中文教师国际化的知识储备应该包含两个方面的主要内容，即"世界文明知识"和"中华文明知识"。

4.3.1.1. 世界文明知识

世界各种族群体生活在不同的生活环境中，他们所塑造并传承下来的文化及文明各有特色。这里的世界文明知识主要包括其他国家重要的历史、地理、文化、政治、思想、习俗等知识；国际社会政治、经济知识；国际交往基本规则知识、国际交流基本原则、礼仪知识；全球环境保护、资源利用、科技发展等涉及全世界各国人民共同利益的知识等。

国际中文教师应该建立关于全球文明、文化比较合理的相关知识体系。具体可以从以下几方面理解：

1. 世界上其他民族、国家和地区的文明知识（诸如其历史、文化、社会、习俗等方面的知识；世界主要宗教派别、主要哲学思想流派等知识）。

2. 国际社会政治、经济知识（诸如世界主要国家的政治制度、政治文化、政治体制等；当今世界战争与和平的情况；目前的国际经济形势，宏观经济、微观经济、金融市场的发展趋势等；经济全球化、政治全球化的知识等）。

3. 重要国际组织或地区组织的知识（如联合国、世界贸易组织、欧盟、东盟及其基本宗旨等）。

4. 全球化社会公共问题的知识（诸如和平、饥饿、贫穷、资源短缺、移民问题、种族问题、宗教问题等有关全球化社会问题的相关知识等）。

5. 国际交往知识（诸如国际交流规则知识、礼仪知识、禁忌知识等）。

6. 地球生态文明知识（诸如全球生态环境与自然资源可持续利用的挑战与对策等）。

7. 全球化与本地化之间关系的知识（诸如本国/民族/地区文明与世界文明之间的互动关系、文化多样性与文化全球化的知识等）。

作为教授中文、介绍中华文化的友好使者，国际中文教师需要了解各国政治体制、外交政策以及国际组织等方面的基本知识，这样才能更好地帮助学生理解国际政治现象。在经济领域，国际中文教师应掌握世界各国的经济制度、发展状况、贸易政策等方面的知识，以便在教学过程中为学生提供有关经济现象的背景信息。在文化方面，国际中文教师需要对世界各地的文化传统、习俗、艺术形式等有一定了解，以便在教学过程中为学生提供丰富的文化语境。历史和地理知识在国际中文教学中也具有重要意义。教师需要对世界历史和地理有一定了解，以便在教学过程中为学生提供相关背景知识。此外，在国际交往的礼仪和原则方面，国际中文教师需要熟悉各国间的礼仪规范，以便在教学过程中为学生提供正确的指导和示范。

对于国际中文教师来说，还要特别注意的是，其世界知识体系中一定要有比较丰富的世界语言知识。这是有利于其教学活动的，也是国际中文教师国际理解素养的独有要素之一，是国际中文教师顺利开展语言教学和科研工作的有力保障。

语言是人类最重要的交际和思维工具，是构建社会协作和交流的基石。它不仅在个体间建立起沟通的桥梁，同时也反映了人类社会的文化底蕴。语言的发展与演变离不开社会大背景的影响，同时也需要全体社会成员的积极参与。在世界范围内，各种语言承载着丰富多彩的文化现象，展现了人类文明的独特魅力。语言不仅传递了世代间的智慧，还记录了人类社会的变迁历程。

从历史维度来看，语言及其文字符号是群体智慧保留与传承的关键。正是通过语言的代际传递，人类的智慧得以延续，文化得以传承。而从共时角度来看，不同语言群体之间的交流与互动，也会促使语言在融合与渗透的过程中不断发展。在这个过程中，言语交际面临新的挑战，也推动了语言的进步。

语言的差异性与共性在全球范围内呈现出丰富多彩的画面。不同的语言在语音、词汇和语法结构等方面都有其独特之处。

首先，语音、词汇和语法结构的多样性使得世界上的语言各具特色。这些特色不仅体现在语言形式上，更体现在语言所蕴含的思维方式和文化内涵中。

然而，我们也应看到，语言的差异性和共性并非一成不变，而是随着人类社会的发展和交流活动的增多而发生变化。在这个过程中，某些语言可能会逐渐消失，新的语言现象也可能不断涌现。正是这种相互影响和借鉴，使得语言更具活力和多样性，丰富了人类的沟通方式。了解这些语言知识，有助于国际中文教师更好地理解本职工作，进而促进世界各地文化的交流与传承。

国际中文教师所掌握的世界文化知识与其他人相比，要首先重点了解世界语言知识，这也是日后教学的基础之一。国际中文教师应当具备一种语言教学的"综合性素质"。因为国际中文教育本身就是一种以语言教学为核心的教育，所以世界语言知识的教学可以作为世界知识的认知切入口，这就要求国际中文教师对世界语言知识有扎实的掌握。

国际中文教学活动的开展涉及多个学科知识的支撑，包括汉语言文字学、一般语言学、应用语言学、教育学和心理学，等等。这要求教师不仅要熟悉汉语的特点和发展历程，具备扎实的汉语本体知识，还要能够运用现代语言学研究的最新成果和现代教育技术来开展教学。同时，教师还需要了解世界语言谱系、分类、特征等方面的知识，以便科学理性地认识汉语在全球语言群体中的地位，并更好地从比较的角度来开展国际中文教学。

世界语言知识的掌握有利于国际中文教师不断发展自己更高的语言认知及分析能力，使国际中文教师进行两种语言甚至多种语言的比较与分析成为可能，进而促进语言教学水平的提升。《国际中文教师专业能力标准》（T/ISCLT 001-2022）明确要求国际中文教师应该"能够进行语言对比"。也就是说，国际中文教师不仅需要使用任教国语言或国际通用的英语进行交际和教学，还应该能够通过汉语和世界其他语言的对比分析来帮助学习者更有效地学习汉语。汉、外语言对比分析能力的提升可以帮助教师从更高的层次理解母语与其他语言的相同点及不同点，从而促进教学效果的提升。

从语音方面来看，英语、西班牙语等印欧语系的语言通常采用拼读法，即使遇到不认识的单词也可以依据发音规则进行自然拼读。而中文作为一种表意文字，音节和声调丰富，发音规律难以掌握，这就使得语音学习成为学习者的痛点。教师可以引导学生通过学习拼音和发音规则，逐步掌握中文的语音系统。此外，通过引入生活中的实际场景和语境，让学生在实际交流中练习中文发音，从而提高他们的发音准确性。

其次，在语法方面，印欧语系具有丰富的人称、时态、语态、数和格的变化。这些内容虽然在中文语法上体现不多，但中文的语序却更加复杂多变。为了让中文学习者更好地掌握中文这一特点，教学实践中应重点关注虚词和语序的使用及其对语意的影响。教师可以借助对比法，让学生了解印欧语系和中文语法结构的差异，并通过大量实例和练习，使学生熟悉中文的语序规律。

最后，在文字书写方面，汉字的书写难度明显大于拼音文字的书写难度。在学习汉字的过程中，教师应注重笔画、笔顺和结构的教学，引导学生逐步掌握汉字的书写技巧。同时，可以通过引入汉字文化、书法艺术等内容，激发学生对汉字学习的兴趣和热情。

总之，要想成为一名优秀的国际中文教师，掌握丰富的世界文明知识是必不可少的。但我们不可能要求国际中文教师一开始就掌握如此丰富的知识，而是应该将关注的重点放在获取知识能力上。在知识爆炸的时代，要注重培养国际中文教师的信息获取能力。这包括掌握有效的搜索技巧、评估信息可靠性的能力等。同时，我们还要培养国际中文教师的终身学习意识，终身学习是应对知识更新速度的关键。

4.3.1.2. 中华文明知识

国际中文教师的职责不仅仅是传授中文知识，更重要的是要向世界介绍中华文化的精髓，促进中外文化的交流与理解。为了更好地完成这一使命，国际中文教师需要具备丰富的中华文化知识。这包括了解中国历史文化、中国文学与艺术、中国民俗、中国主要哲学与宗教、中国现当代国情等基本内容，并在教学过程中将这些知识传授给学生。这样，学生才能在学习中文的过程中，更好地理解和感受到中华文化的魅力，消除误解与偏见。

此外，国际中文教师还应深入了解中外文明的特点及历史，分析中外政治体制、法律体系的主要异同。在此基础上，教师需要对本民族的社会与文化有深刻的认识，既要坚守本土文化自信，又要注重多元文化沟通。这两者并不矛盾，而是相辅相成的。

国际中文教师国际理解素养的重要内涵之义——坚守本土文化自信与注重多元文化沟通并重，这是我们尤其需要注意的问题。具体来看，需要国际中文教师掌握的中华文明知识主要涉及：

1. 中国的历史文化、文学艺术、主要民俗等知识。

2. 中国的主要哲学与宗教基本知识。

3. 中华文化和世界其他文化相比所体现出来的独有特点。

4. 中国政治体制、法律体系和世界其他国家的政治体制、法律体系等相比的主要异同。

5. 中国目前的基本外交政策。

6. 中国目前的基本语言政策。

中国的历史文化、文学艺术、主要民俗等知识是博大精深的，从夏商西周的封建制度，到春秋战国的诸子百家，再到汉唐盛世，以及宋元明清的繁荣，每一个时期都有其独特的历史印记和文化风貌。在文学艺术方面，无论是唐诗的豪放与婉约，宋词的清新与艳丽，还是元曲的诙谐与讽刺，都展示了中国文学的丰富多彩。

中国的主要哲学与宗教基本知识是了解中国文化的重要方面。儒家主张仁爱、忠诚、礼义，强调社会秩序和家庭伦理；道家强调无为而治，追求自然、和谐与永恒；法家主张法治，强调严格管理与权威；墨家主张兼爱、非攻，强调公平正义。在宗教方面，佛教、道教、伊斯兰教和基督教等在我国都有广泛的影响。

中华文化和世界其他文化相比，体现出独有特点。首先，中华文化源远流长，历史悠久，具有强烈的历史连续性。其次，中华文化注重道德修养，强调人的内在道德品质和外在行为规范。最后，中华文化崇尚和谐，追求人与人、人与自然、人与社会的和谐共处。此外，中华文化强调家族观念，重视家庭伦理和家族秩序。

当前，我国的基本外交政策是和平共处五项原则，即互相尊重主权和领土完整、互不侵犯、互不干涉内政、平等互利、和平共处。我国致力于与世界各国发展友好合作关系，推动"构建人类命运共同体"。

在语言政策方面，我国使用普通话作为国家的通用语言，普通话在各领域具有广泛的应用。同时，我国政府鼓励各民族学习普通话，以便更好地融入国家和社会。此外，我国还重视对外汉语教育，致力于推广汉语国际影响力。

以上内容都是国际中文教师需要熟知的，国际中文教学过程中必然涉及介绍我国日常生活中的价值观念、话语方式、风俗习惯、行为模式和态度等内容，且这些知识是教学的重要内容，这就要求国际中文教师必须充分掌握中华文明知识。更重要的是，从国际理解素养的角度来看，这些中华文明知识可以使国际中文教师通过文化比较的途径更好地理解本国文化和世界其他文化，而真正的国际化视野也必然是建立在充分认识本国文化的基础上的，是通过本国文明与世界文明的深刻比较与反思才能获得的。

4.3.2. 能力维度

国际中文教师需要将国际理解的理念、方法等内容贯穿到实践活动当中，这离不开相关能力的支撑。无论是国际化的知识素养还是国际化的工具性情感素养，都需要以适当的能力来获取和培养，同时国际理解素养最终也都要通过各项能力的合理运用来体现。从能力维度对国际中文教师的国际理解素养的构成要素进行分析，以下一些能力应该包含其中：

1. 全球信息获取能力。

2. 跨文化思辨能力。

3. 国际化沟通能力。

4. 全球化行为能力。

4.3.2.1. 全球信息获取能力

国际中文教师需要具备国际化的信息处理能力，能够充分利用新的信息技术发展成果，拓宽知识获取渠道，这也就是国际中文教师的全球信息获取能力。

前文已经提到，国际中文教师需要具有深厚的知识底蕴。首先，在信息社会中，知识的新陈代谢频率加速。信息给我们带来了海量知识，也产生了巨大"信息压力"。生活学习环境的迅速变化，也使我们的教育环境、教育对象的条件不断变化，如不及时吸收新知识，国际中文教师很快就会与时代和环境脱节。国际中文教师需要利用多种现代化的技术手段获取新知识，从而在这个过程中不断强化"国际意识"，为更深层次的国际理解素养的提升打下深厚基础。

其次，国际理解素养视域下的国际中文教师知识体系中还必然包括有关其他民族、国家和地区的动态知识，国际中文教师在"互联网+大数据"时代，要掌握相应的信息检索技术，有效获取最新信息，这样才能与世界发展保持同步同频。国际中文教师的热点追踪能力主要指了解并熟悉全球热点问题，能及时通过阅读、收看新闻等多种形式对全球热点问题进行持续关注，了解世界经济、政治的最新情况，了解诸如资源短缺、移民问题、种族问题、宗教问题等全球化社会问题的最新进展，也只有这样才能实现国际理解素养的有效提升。

4.3.2.2. 跨文化思辨能力

在全球化进程不断加速的今天，我国积极参与国际事务，大力拓展国际交流与合作，以促进世界各国的共同发展。近年来，我国提出了"一带一路"倡议，为全球经济发展和区域合作提供了新的契机。在这一背景下，国际中文教师的作用日益凸显，他们在推动文化交流、增进各国友谊方面发挥了至关重要的作用。

经济、政治全球化的产生带来了文化的全球化，文化全球化是时代发展的产物，但是从另外一个角度来看，在文化全球化的进程中，世界文化本来所呈现出来的多样性正面临前所未有的威胁，这种威胁就是同质化威胁，甚至是"西化"的威胁。由于工作的需要，国际中文教师不可避免地需要面对不同的社会文化，受到文化全球化的冲击，在面对不同文化时，有相当一部分国际中文教师受到"文化自负""文化自卑"甚至"文化虚无"等不良心态的影响，这给国际中文教育事业的发展带来了不利的影响，那么，国际中文教师在面对文化全球化的浪潮时，应该如何以恰当的、思辨的态度从事教学工作是值得探讨的课题。

同时，在国际中文教学的实践中，中文教师与外国学生本质上处在不同的价值体系中，但二者却要密切配合，在一个指定的时间和空间内共同努力，顺利完成教学活动这一共同的目标，这就导致在中文教学过程中出现文化冲突的可能性和现实性。国际中文教师如何解决在工作遇到的文化冲突问题，提高其跨文化教学效果，是我们需要不断思索的问题。

我国教育工作者对跨文化能力（Intercultural Competence）的研究十分重视，跨文化能力的研究近十年进展迅速，也取得了很多创新性成果。沈鞠明、高永晨融合中西方跨文化能力研究成果，提出了"知行合一"的新型跨文化能力模型。戴晓东认为，跨文化能力是来自不同文化的人们进行互动与对话的能力，涉及多元的文化背景与身份。这些都是我国学者进行跨文化能力研究的重要成果，现分别进行分析。

高永晨提出了中国大学生跨文化交际能力模型，这一模型尝试构建符合中国语境的大学生跨文化交际能力测评体系框架。高永晨将跨文化交际能力和跨文化能力视为共核概念，她立足于我国基本国情和当代对外交往的现实情况，综合多元视角，运用本土概念范畴和文化资源，结合我国大学生跨文化交际能力的现状，提出了跨文化能力的"知行合一"模式。

"知"与"行"的思维传统在我国传统文化中占据了至关重要的地位，它们分别是认识活动和行为活动的代名词。在古代哲学家的眼中，这两者之间的关系被赋予了深刻的内涵。我国明代思想家王阳明又将知行关系的思考推向了新的高度，他认为将"知"与"行"相结合，便可以达到一种至善的境界，这种境界便被称为"知行合一"。它代表着一种极高的能力水平，是我国文人学者所向往的理想状态。

古希腊哲学家苏格拉底也曾有过类似的论述，他把"知"与"行"分别对应为"认识"和"行为"这两个核心范畴。在他看来，认识世界和参与实践是人们追求真理和实现自我价值的两个重要环节。这种观点强调了认识与实践的密切关系，预示了后来西方哲学中认识论和实践哲学的蓬勃发展。

在我国，"知行合一"的观念深入人心，不仅在哲学领域产生了深远影响，还在教育、政治、伦理等方面发挥了重要作用。这一观念鼓励人们不仅要追求知识，更要将知识付诸实践，以实现个人和社会的和谐发展，它始终引导着人们追求更高的认识水平和实践能力。从古至今，无数文人志士都以"知行合一"为目标，努力在实践中提升自己的道德品质和智慧才能。

高永晨认为，Byram 的跨文化交际能力模式和 Deardorff 的金字塔式跨文化能力模式体现出一定的合理性，将这两种模式和我国传统的"知"与"行"的命题相结合，进行创造性的转换便可以构建既有宽广的国际视野又符合我国国情的"知行合一"模式。

具体来看，高永晨对"知行合一"思想进行深入思考，在此基础上将跨文化能力分解为"知"与"行"两个层面，这两个维度密切关联、互为补充，形成了一个有机整体。她认为，中国大学生的跨文化能力应该涵盖"知"与"行"两个基本层面。"知"就是跨文化交际的基本知识和理念，"行"则是将跨文化知识和理念外化的具体的跨文化交际实践。"知"指导

"行"，而"行"又反过来影响"知"，使之不断地得到检验、丰富、发展与完善。同时这一模型也强调"知"与"行"两个要素是紧密相连、相互渗透、相互交融、彼此补充的。"知行合一"模式图如下：

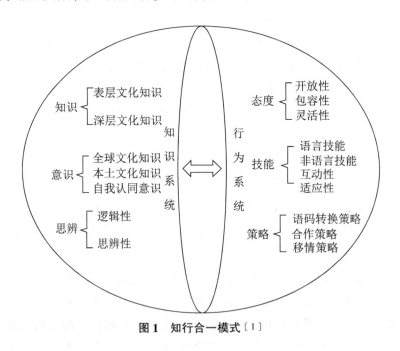

图1　知行合一模式[1]

知识系统可以继续细分为知识、意识和思辨能力三个要素，行为系统可以继续细分为态度、技能和策略能力。

首先，"知"代表着知识系统，包括知识、意识和思辨能力三个方面。第一层面由表层文化知识和深层文化知识构成。第二层面是由全球文化意识、本土文化意识和自我认同意识构成的意识系统。第三层面则是由逻辑性和推论性构成的思辨系统。

其次，"行"代表着跨文化交际的行为系统，体现出跨文化交际主体的态度、技能和策略等。第一层面的态度，是人们所体现出来的开放性、包容性和灵活性。第二层面的技能包括语言技能、非言语技能、互动性与适

〔1〕　参见沈鞠明、高永晨：《基于知行合一模式的中国大学生跨文化交际能力测评量表构建研究》，载《中国外语》2015年第3期。

应性等技能。第三层面的策略包含语码转换策略、合作策略和移情策略。

高永晨的模型尝试融合中西思想，创造性地引入了影响深远的"知行合一"思想，又很有针对性地就我国大学生跨文化能力展开研究，为丰富跨文化能力研究作出了贡献。

顾晓乐结合我国当前高校的教育目标和背景，以社会人文教育为出发点，提出了适应我国国情的跨文化交际能力培养模型，并且将其细化为理论模型和实践模型，这里简要介绍理论模型。

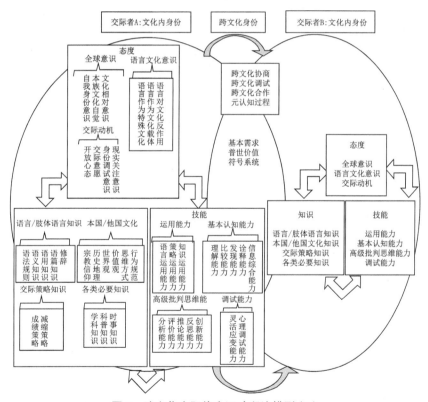

图2　跨文化交际能力互动理论模型〔1〕

态度维度涵盖全球意识、语言文化意识和交际动机等，技能维度包括

---

〔1〕　参见顾晓乐：《外语教学中跨文化交际能力培养之理论和实践模型》，载《外语界》2017年第1期。

语言、知识和策略运用能力、基本认知能力、高级批判思维能力和调适能力等。顾晓乐的跨文化交际能力互动理论模型是吸收了构成要素类模型和对话互动类模型优点的一种新型的理论模型，兼顾全球化与本土化意识。跨文化交际能力互动理论非常重视反映文化平等的全球意识，具备全球意识是当今大学生进行成功的跨文化交际的大前提。同时，顾晓乐关注我国部分青年人的"文化失语症"，致力于引导我国大学生对中华传统文化及当代文化进行深层次的思考。

顾晓乐对跨文化交际的解析非常全面，他不但提倡以开放包容的心态去了解并学习世界各国文化，还特别强调了认识本国文化和文化的多元性、动态性、平等性的重要意义，这是当今时代发展的必然要求。另外，顾晓乐还详细分析了外语学科的"工具性"与"人文性"，强调外语学科的"人文性"应该突出其"跨文化性"，并对我国依托外语课程进行跨文化能力培养的可行性进行了分析，这些观点很有启发意义，值得我们深入思考。

潘亚玲、杨阳认为跨文化能力是人们在跨文化交际情境所表现出来的一种综合能力，它要求交际者能在情感、认知和行为方面体现高度的协调性，从而促进得体、有效和令参与者满意的交际，并建立与维护和谐关系和长期合作。

这里需要强调的是，跨文化情感、认知和行为能力这三个层面并没有明显界限，同时这三种能力不是此消彼长，而是互相作用、互相促进的，是跨文化能力的有机组成部分，而跨文化情境则为跨文化能力的实现与发展提供场域。[1]

---

〔1〕 参见潘亚玲、杨阳:《海外经历对跨文化能力发展的影响——以留德中国学生为例》，载《外语学刊》2021年第1期。

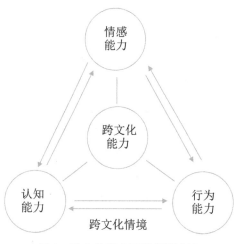

图 3　跨文化能力三维模型[1]

　　以上学者从宏观、中观、微观等不同层面对跨文化能力进行了研究，尤其是很多研究结合我国经济社会发展现实和我国传统思想，立足我国国情的同时，兼顾了研究视角的创新性，这些研究可谓成果丰硕，使我们对跨文化能力的认知得到了进一步的深化。

　　另一个方面，跨文化思辨能力中所涉及的思辨能力也有深厚的研究基础，相关的研究成果十分丰富。思辨能力，又称批判性思维，西方学术界对思辨能力的研究开展得很早，而且研究兴趣一直没有减弱，是一门影响广泛的"显学"。

　　美国著名教育心理学家 Benjamin Bloom 认为"情感目标"、"动作技能目标"和"认知目标"是一切教育活动应该努力去实现的最重要的三个目标，这一划分影响极其深远，使人们开始重视认知目标作为教育的重要目标之一的重要性。

　　在此之前，教育目标主要集中在情感和动作技能方面，如培养学生的道德品质、体育素质和动手能力等。然而，Benjamin Bloom 的划分揭示了认知目标的重要性，它包括学生的知识、思维能力和判断力等方面。这使得

─────────────

〔1〕　参见潘亚玲、杨阳：《海外经历对跨文化能力发展的影响——以留德中国学生为例》，载《外语学刊》2021 年第 1 期。

教育者开始关注学生的认知发展，并将其作为教育的重要目标之一。情感目标关注学生的情感态度、价值观和兴趣等方面的培养，这对于学生的全面发展具有重要意义。动作技能目标则着重于学生的实践操作能力和身体协调性的培养，这对于提高学生的生活质量和适应社会需求具有积极作用。而认知目标则着眼于学生的智力发展，培养他们独立思考、创新能力和解决问题的能力。Benjamin Bloom 的教育目标划分在教育学、心理学和教育实践等领域产生了广泛的影响。它为教育改革提供了有益的启示，使教育者认识到教育目标的多元性，从而更好地推动学生的全面发展。

　　Anderson 对认知能力的分类进行了深入研究，认为认知能力由低到高应该包含六个层级，即识记、理解、应用、分析、评价和创造，具体关系如下图所示：

图 4　布鲁姆-安德森认知能力模型分类图

　　这个认知能力模式隐含着对思辨能力的研究。人们运用认知能力阶梯进行应用、分析和评价的过程就是思辨能力发挥作用的过程，思辨能力使我们能够对复杂的问题进行深入的思考，从而做出明智的决策。思辨能力还能引导人们向更高的境界迈进，即创造能力的发展。思辨能力的最高表现就是创造能力，它是人们在掌握分析、评价能力的基础上，所能达到的最高级别的认知能力。人们不仅能够对已知的事物进行深入的思考和分析，更能够在此基础上进行创新和突破。

　　除了布鲁姆-安德森认知能力模型分类图之外，还有很多学者对思辨能力进行了研究，成果丰硕。例如，理查德·保罗和琳达·埃尔德的"思维要素"与"普遍思辨标准"理论，保罗等学者的 35 层级思辨能力指标体系，等等。这些有关思辨能力理论模型的研究成果相对来说比较成熟且各有长处，为我国学者结合我国具体国情和时代主题进行进一步研究提供了参考。

在对思辨能力进行研究的历程中，还有一个重要的里程碑，就是特尔斐项目组发布的《特尔斐报告》。特尔斐项目组在研究过程中，充分借鉴了前人的研究成果，并结合实际情况，对思辨能力进行了系统性梳理。特尔斐项目组的最重要研究成果就是思辨能力的定义及构成要素。他们通过严谨的理论分析和实证研究，提出了思辨能力的定义，并进一步阐述了其构成要素。这一突破性的研究，使得人们对于思辨能力的认识达到了一个新的高度，也为后续的研究提供了明确的方向。

报告中，特尔斐项目组将思辨能力定义为一种在复杂情境中，运用逻辑推理、批判性思维和创新能力，对不同观点和信息进行评估、整合和生成的能力。这一定义突破了传统对于思辨能力的局限，强调了其在现实生活中的应用价值。此外，特尔斐项目组还揭示了思辨能力的构成要素，包括三个方面：一是认知要素，如逻辑推理、批判性思维等；二是情感要素，如开放性、自信等；三是行为要素，如提问、讨论、写作等。这三个方面相互关联，共同构成了完整的思辨能力体系。《特尔斐报告》给出了思辨能力的定义，分析了思辨能力的构成要素，被学界广泛接受，影响深远，具有一定的权威性。

在当今这个信息爆炸、观点纷繁的时代，思辨能力的重要性不言而喻。它是我们应对复杂问题、审视各种观点的必备能力，它是一种普遍的、自我矫正的人类现象，帮助我们更好地理解世界，更明智地作出决策。一位具备思辨能力的理想思考者，应具备以下特质：对知识有着极高的渴望，不断探求未知，努力拓宽视野；能够从多角度审视问题，提出独到见解；坚信理性是解决问题的基石，推崇以事实和逻辑为依据的论证；乐于倾听不同意见，尊重他人观点，展现出包容与谦逊的品质；在面对复杂情况时，能迅速调整策略，找到合适的方法解决问题；在做出评价时，始终保持公正客观，不受个人情感和偏见的影响；在面对个人偏见时，能勇于承认并努力克服，追求真实与客观；在做出判断时，始终保持谨慎态度，愿意根据新证据重新审视；在面对问题时，能保持清晰的思维，分析问题本质，找到解决之道；在处理复杂事务时，能积极寻找相关信息，为解决问题提供有力支持。

从这个角度来看，思辨能力的构成不仅有"认知能力"（cognitive skills），还应该包括"情感特质（affective dispositions）。"用表格归纳如下：

表 3　**Critical Thinking Cognitive Skills and Affective Dispositions**

Cognitive skills	Subskills	Affective Dispositions
1. Interpretation	Categorization Decoding significance Clarifying meaning	1. Inquisitiveness with regard to a wide range of issues 2. concern to become and remain generally well-informed 3. alertness to opportunities to use CT, trust in the processes of reasoned inquiry 4. self-confidence in one's own ability to reason 5. open mindedness regarding divergent world views 6. flexibility in considering alternatives and opinions 7. understanding of the opinions of other people 8. fair-mindedness in appraising reasoning, honesty in facing one's own biases, prejudices, stereotypes, egocentric or sociocentric tendencies 9. prudence in suspending, making or altering judgments 10. willingness to reconsider and revise views where honest reflection suggests that change is warranted.
2. Analysis	Examining ideas Identifying arguments Analyzing arguments	
3. Evaluation	Assessing claims Assessing arguments	
4. Inference	Querying evidence Conjecturing alternatives Drawing conclusions	
5. Explanation	Stating results Justifying procedures Presenting arguments	
6. Self regulation	Self examination Self-correction	

思辨能力至关重要，是支撑人类社会发展的必备能力之一。我国古代经典对思辨能力其实也有论述。《礼记·中庸》就提出要"慎思之，明辨之，笃行之"的理想状态，慎思明辨就是我国古代知识分子对自己的基本要求之一。《中华人民共和国高等教育法》（以下简称《高等教育法》）规定，高等教育的任务是培养具有创新精神和实践能力的高级专门人才。而创新精神和实践能力的发挥离不开思辨能力作为根本的支撑。

进入 21 世纪，信息技术高速发展，世界各国和各地区之间的交流、融合日益加深，在这样复杂又充满机遇的时代语境下，思辨能力的研究也一直保持着很高的热度，人们对思辨能力的认知也逐渐深化，并形成了一定的共识。

思辨能力内涵丰富，外延广泛。一般来说，思辨能力不仅包含比较、归纳、推理、评价、综合等一般性思维能力，更要强调勤于独立思考、认真求证和大胆创新等精神。这些能力共同构成了思辨能力的核心要素，使得个体能够在面对复杂问题时，保持清晰的思维路径，做出合理的判断和决策。

首先，独立思考是思辨能力的基础。它要求个体在面对问题时，能摒弃偏见和固有观念，以开放的心态进行思考，从而确保思考的公正性和客观性。独立思考的能力在一定程度上决定了个体在面对未知问题时，能否做出正确的判断和决策。

其次，求证精神和创新精神是推动个体进行深入思考和探索的动力。求证精神使个体在面对疑问时，能够主动寻找证据，通过实证的方式来验证或推翻某个观点或理论。而创新精神则鼓励个体在已有知识的基础上，进行新的组合和尝试，从而产生新的观点和解决方案。

最后，分析、比较、归纳、综合、推理、评价等一般性思维能力是思辨能力的重要组成部分。这些能力使个体能够对问题进行深入的剖析，通过比较和归纳找出问题的关键点，进而通过综合和推理形成自己的观点，最后通过评价来衡量观点的正确性和可行性。

总的来说，思辨能力是个体创新精神和实践精神的依托。它使个体能够在复杂多变的环境中，依据恰当的标准对事务进行分析与评判。在我国当前的社会发展中，培养和提高广大人民群众的思辨能力，对于推动科技创新、促进社会进步具有重要的现实意义。从长远来看，这将有助于提升我国在全球竞争中的地位，实现可持续发展。因此，重视和加强思辨能力的培养，应当成为我国教育改革和发展的重要方向。

通过深入整理分析跨文化能力研究以及思辨能力研究的各项成果，可以发现，跨文化能力和思辨能力是两个密切相关的领域，它们在很大程度上是相互交织的。跨文化能力和思辨能力在各自的研究领域中都有重要的地位，但同时又有很多重合之处，这使得它们之间的联系变得更加紧密。

跨文化能力和思辨能力之间的相互交织，主要表现在以下几个方面：

1. 跨文化沟通需要思辨能力。在跨文化交流的过程中，人们需要运用思辨能力来分析、理解和解决文化差异所带来的问题。只有具备较强的思辨能力，才能在跨文化交流中做到公正、客观和有效地沟通。

2. 思辨能力培养有助于提高跨文化能力。思辨能力的提高，可以使人在面对复杂问题时更加冷静、客观地分析问题，从而在跨文化交流中更好地应对各种挑战。此外，思辨能力的培养还可以促进人的认知发展，提高对不同文化的敏感性和接纳程度，进而提高跨文化能力。

3. 跨文化能力和思辨能力在一定程度上有重合的研究领域。例如，跨文化沟通、文化适应等研究领域，既涉及跨文化能力的研究，也涉及思辨能力的研究。这使得这两个领域的研究者在探讨问题时，往往需要借鉴和参考彼此的研究成果。

近几年，我国学术界对跨文化能力和思辨能力进行了持续研究，同时结合我国国情和新时代语境，跨文化思辨能力的含义也越来越清晰。马维娜认为，跨文化思辨能力应该是面对不同文化时不盲目接受也不盲目抵制，既大胆质疑又谨慎断言，理性、谨慎、公正地作出判断的能力。段桂湘认为，跨文化思辨能力，总的来说是指在掌握跨文化知识的基础上，能进行不同文化的归纳、欣赏、评鉴和批判性思考，能对本国文化和西方文化的差异进行深度理解和评价的能力，从而实现不同文化间的有效的交流沟通。

事实上，近年来跨文化思辨能力研究的快速发展为国际中文教师国际理解素养的研究提供了新的思路和视角。跨文化思辨能力是基于充分的理性和事实，以跨文化视角去看待、分析和解决问题的能力。思辨能力可以与跨文化能力三个维度中的每一个维度相结合，是统驭全局的能力，是根本能力，也是高阶能力。跨文化思辨能力要求国际中文教师能够比较和对比不同的文化观点，考察其他文化的共同点和多样化特征，分析和评估文化中的重大事件和趋势等。跨文化思辨能力的提升不仅有利于跨文化交际的顺利进行，还能够帮交际者从文化包容的角度，运用国际信息辨识力自觉地从文化比较等更高的认知层次进行思考。

另外，跨文化思辨能力能够促进创造力的生发，也能够提高人们解决实际问题的能力，具有较高跨文化思辨能力的人往往能够在国际交际的过程中提出更可行、更有想象力的解决方案，因此，跨文化思辨能力是国际理解素养的关键要素之一。

4.3.2.3. 国际化沟通能力

国际中文教师是一个承载着国家文化交流与传播重任的群体，毫无疑问国际中文教师的国际理解素养应该包含良好的国际化沟通能力。在新时代背景下，他们肩负着推动中华文化走出去，增强中华文化国际影响力的使命。为了实现这一目标，国际中文教师需要站在全球视野的高度，深入研究和了解世界各地的文化特点，以适应不断变化的国际文化交流需求，要具备较高的国际化沟通能力，这种国际化沟通能力是一种双向交流的纽带，是国际中文教师开展工作的基础。

从另外的角度来看，面对中外文化间的显著差异，国际中文教师的日常工作也面临着严峻的挑战。要想在国际舞台上胜任教授中文、传播中华文化的任务，他们必须具备较高的国际化沟通能力。这种能力不仅包括语言表达能力，还包括跨文化交际能力、文化适应能力、情感沟通能力等。只有具备这些能力，国际中文教师才能在教学过程中，有效地消除文化隔阂，让外国学生更好地理解和接纳中华文化。

语言、文化和交际是外语学习中的三个最重要的概念，围绕这三者我们可以提出很多问题。例如，语言知识与交际技能的关系如何？要想顺利地进行交际，除了要具备良好的语言能力，还需要具备什么能力？语言和文化究竟是什么关系？文化在语言教学中扮演什么角色？什么样的文化知识对语言学习者来说是必需的？外语学习者在跨文化交际中的种种表现能够清晰地反映出外语教学方法和理念的优劣。有的学习者能读会写，但在人际交往时却口不能言；有的字正腔圆，却词不达意；有的洋腔怪调，但语言流利度却很高；还有的虽然语言准确流利，其行为举止却与目的语文化格格不入，甚至惹人生厌。这体现的其实就是国际化沟通能力的差异。

另外，我们还要注意"国际化沟通能力"与"跨文化交际能力"这两个相似概念之间的联系与区别。"国际化沟通能力"与"跨文化交际能力"

有着学理上的传承关系。"跨文化交际能力"侧重于沟通技巧，而"国际化沟通能力"则强调通过交流实现文化间的互动，展现出国际理解素养的实际行动。总之，"国际化沟通能力"与"跨文化交际能力"既有联系又有区别。一个关注沟通技巧，另外一个则强调文化互动。我们提到的"国际化沟通能力"更加强调国际理解素养视角下推动和谐国际关系的构建的能力，相较于传统的"跨文化交际能力"来说，"国际化沟通能力"的范围更广、程度更深，更加符合当今全球化的发展趋势，存在更加突出的国际意义。

在当今全球化的背景下，国际化沟通能力已成为一项至关重要的技能。通过对国际化沟通能力的深入研究，我们可以更好地培养具备国际视野的人才，为我国的国际交流与合作贡献力量。

毫无疑问，国际中文教师的国际理解素养应该包含良好的国际化沟通能力，这里的国际化沟通能力应该从两个层面理解。首先，国际中文教师不仅要精通母语，还要具备一定的第二语言，甚至第三语言能力，使其成为可以辅助教学、参与国际学术对话的"媒介语"，也就是语言交流能力的基本保证。其次，国际中文教师的外语能力不仅仅只有充当教学中"媒介语"这一作用，更为重要的是，国际中文教师的外语能力关系到其国际理解素养的发展及国际理解行为的表现。在国际中文教育教学的过程中，或在其他类型的国际教学合作的过程中，国际中文教师要能够在熟练使用外语的基础上做到有效应对文化差异、思维差异所带来的冲突，能够友善愉快地与国际学生、外国同行进行沟通交流，在跨文化语境中合理、恰当地阐述个人见解。

良好的国际化沟通能力是国际中文教师国际理解素养的必要构成要素，其作用不可忽视。首先，具备良好的国际语言能力，善于从"他者"的话语文化出发，可以帮助国际中文教师延伸出能够为学习者所接受的话语符号，表达出"他者"关怀，在价值观念方面达成共识，不断地完善共同体理念，使双方的沟通避免误解、更加顺畅，进而实现跨文化交流合作的目标。

其次，国际中文教师的教学行为本质上是一种跨文化交际行为，进行有效的跨文化交流与互动是国际中文教师日常工作与生活的重要组成部分。

然而，鉴于中外文化之间存在显著的差异，国际中文教师在跨文化适应过程中可能会面临一定程度的挑战。因此，新时代国际中文教师的国际理解素养必须强调当今背景下国际中文教师参与开放式的交流与互动的意愿与能力。概言之，国际中文教师一方面要有参与互动交流的意愿，另一方面则要有参与互动交流的能力，这种交流互动的能力显然要以一定的外语能力为基础才能得以发展。在跨文化交际的场景中，误解时常发生，原因可能是多方面的，例如双方在选择谈话内容、谈话形式和表达方式上的不同，等等。因此，一位专业的国际中文教师应当具备运用外语进行成功交际的能力。出色的外语能力可以帮助国际中文教师弄清事实、澄清交际误解。

跨文化交际能力表现为高效得体地进行交际的能力，即在特定的社交场合成功交际的能力。交际者可以准确理解他人的交际意图，并能得体地运用语言和行为传达自己的意图。跨文化交际者要具备在目的语社区建立、发展和维持人际关系的能力，这一能力包括对话能力、参与能力以及公关能力。对话能力要求双方跳出各自固有的立场，倾听对方的观点，努力寻找共同基础，开展建设性的对话，探索可能性的突破，通过谈判合作达到互惠互利的双赢甚至多赢效果；参与能力意味着积极融入目的语社区的文化，被视为目的语社区中的一员；公关能力则包括成功完成各项既定任务，着眼于建立长期的人际关系网络，最大限度地利用各种关系资源，等等。根据 Byram 的描述，具有跨文化交际能力的个人可以成功地在目的语社区中建立和谐的人际关系，可以有效地传达自己的交际需求，可以在具有不同文化背景的人群间斡旋。这种对关系的重视要求跨文化交际者要以平等的心态对待其他文化，明白文化没有先进和落后之分，不以自己的文化为大，不将他人的文化视为异端，尊重和理解他人的文化；要抛弃僵化的、偏见的、敌对的心态，以发展的眼光看待他人的文化，懂得一切文化在形成过程中都受到特定的历史和社会环境的影响，同时又都在不断的变化中；在跨文化交际中，要以开放积极的心态参与到他人的文化中去，培养多元文化视角。对话并不意味着消除或者无视差异，而是在彼此尊重的基础上寻求共识，求大同而存小异，促进文化间的交流和融合，取长补短，彼此借鉴，追求和谐。在全球化和多元化时代，这种心态尤其值得提倡，对于避免冲突、建设多元文化并存的世界大有裨益。此外，跨文化交际中不可避免地会发生冲突和不一致的情况，因此，与他人协商合作的能力和处理文化冲突的能力也是跨文化交际能力的一个重要方面。在解决跨文化交际冲突时，所有参与者不仅要了解自身的文化，而且要表现出愿意接受其他文化的态度，针对不同的文化采取不同的策略来解决文化冲突问题。也就是说，国际中文教师要用恰当的沟通态度和良好的表达能力。"沟通态度"指国际中文教师要用积极的态度去进行国际交流，不能拒绝沟通或消极对待；"表达能力"是指国际中文教师应该能够准确、高效地表达自己的观点语态，避免误解。国际中文教师应该努力在国际交往中做到求同存异、平等对话，实现有效沟通。

最后，跨文化交际时还会面对如何处理自己的"文化身份"的问题，成功的跨文化交际者能够在两种文化中找到自己的文化身份定位，客观看待并灵活处理文化差异，不会出现焦虑、孤独等心理状况，在两种文化中都能游刃有余地胜任各项工作。Varhegyi 和 Nann 认为，跨文化交际者在确定自己的文化身份时涉及认知、情感和行为三个方面。他们认为，跨文化交际者需要面对的多数问题，比如跨文化交际导致的不自在、困惑、孤独、压抑、挫败感和恐惧等情感问题，由于交际方式、文化规则、社交礼仪、人际关系的差异带来的行为问题，以及面对新环境时对旧有的知识体系进行重新审视和评价的认知问题，都与文化身份问题相关，因此文化身份问题应该居于跨文化交际能力的中心。

作为一名国际中文教师，应对跨文化问题，需善于运用"整合"、"同化"与"分离"三种策略，针对性地解决课堂及生活中所遇到的挑战，并提升自身的跨文化适应能力。首先，当中外文化之间并无明显冲突时，教师可以采取"整合"策略。这一策略要求教师在尊重和保持我国文化特色的基础上，充分了解和接纳目的地文化，发现其优点，并将这些优点与我国文化相结合，形成一种新的、更具包容性的文化体系。这样的文化体系既能满足学生的需求，又能促进教育教学的创新和发展。

然而，在现实生活中，中外文化之间难免会出现冲突。面对这种情况，教师需谨慎选择"同化"或"分离"策略。"同化"策略是指教师在尊重自身文化的基础上，努力适应目的地文化，以求达到与学生和当地居民的和谐共处。这种策略的优点在于有利于维护教育教学的正常进行，促进跨文化沟通。然而，过度"同化"可能导致教师丧失自身文化特色，进而影响其文化认同感。因此，在非原则性的问题上，教师可采用"入乡随俗"的方式，尊重当地文化，以求达成和谐共处。

在面临原则性问题时，教师应选择"分离"策略。这意味着教师在坚守我国文化立场的同时，尊重对方的文化观念，实现"和而不同"。这种策略有助于维护我国文化的尊严和纯洁性，同时也体现了对目的地文化的尊重。在实际操作中，教师应注意交流技巧，避免因文化差异而引发的冲突，以实现教育教学目标。

总结来说，国际化沟通能力是一项基本能力，是指国际中文教师在海外的工作和生活中，面临各方面问题时，能够避免文化差异的干扰，能够正确判断情势、正确理解交际对象的真实意图，当然国际中文教师还应能够用深层次的文化因素来解释交际行为和现象。

4.3.2.4. 全球化行为能力

全球化的趋势使得国际中文教师的角色发生了深刻的变化。他们不再仅仅是在课堂上教授中文的教师，而是成为文化交流的桥梁和纽带。国际中文教师须在更为复杂多变的环境中应对各种挑战，尤其是需要应对各种文化冲突和难题。国际中文教师需要具备全球视野，超越自身环境去探究世界。这意味着他们需要关注全球范围内的中文教学动态，了解不同国家和地区的教学方法和策略，了解不同国家的语言政策，以便在教学中做出相应的调整。在此背景下，国际中文教师能否明确自己在世界舞台上的定位，能否做到尊重他人的观点和文化，能否超越自身局限去思考全球性问题，将变得至关重要。

首先，全球化行为能力需要以"学会共存"为基础。

全球化行为能力是指一个人在国际舞台上具备的正确、客观认识本地和世界文明知识，以及善于从国际化视角观察、分析问题的能力。

一直以来人们公认的"国际理解"教育的核心原则应该是在理解和包容的基础上谋求世界的和平与发展。但是，"9·11"事件等全球范围内的各种恐怖袭击事件使人们意识到了认识论基础上的"理解"方式的可行性不高，在很长的一个时间段内，人们渴望实现的"共同的价值观"在实际的生活中是很难真正实现的。

那么，如何在现在的历史阶段条件下尽可能更好地谋求全球的和平发展呢？

"学会共存"，是一个具有深远意义的理念，能够很好地解决之前提到的问题，它既是当前"国际理解"素养的目标指向，又能很好地诠释"国际理解"素养的内涵，也是联合国教科文组织所积极倡导的。

1996年，国际21世纪教育委员会主席雅克·德洛尔提交了一份题为《教育——财富蕴藏其中》的报告，该报告对全球教育发展产生了深远影响。在报告中，德洛尔先生明确提出"学会共存"这一理念在全球教育中的重要支柱作用。报告指出，随着生活传统的深刻变化，人类面临着全新的挑战。在这个背景下，"学会共存"成为应对这些挑战的关键。具体而言，这意味着我们要更好地了解他人，更好地了解世界。这不仅包括对不同文化、信仰和观念的尊重，还包括培养开放的心态和批判性思维，以便在全球化背景下与他人和谐共处。

此外，报告还强调，"学会共存"有助于培养人们基于相互依赖的认识和对未来风险挑战的共同分析的新型精神。这意味着我们要认识到，在全球化时代，人类的命运紧密相连。在面对不可避免的冲突时，我们应该以理智、和平的方式进行管理，共同应对未来的挑战。

德洛尔先生在报告中呼吁，教育部门应将"学会共存"理念融入教育实践中。这将有助于培养具有国际视野、包容心态和合作精神的青年一代，为构建和谐、和平的全球社会奠定基础。同时，这一理念也对我国教育改革和发展提供了有益的启示。

2014年，联合国教科文组织又发布了《学会共存：亚太地区的教育政策和现实》报告。该报告分析了澳大利亚、马来西亚等国家在实施"学会共存"理念的过程中所取得的成果以及存在的挑战和问题。

2015年，Cynthia Luna Scott 发表的《学习的未来2：21世纪需要何种类型的学习？》报告中，对"学会共存"的内涵进行了进一步阐述。报告指出，在当今这个全球化、多元化的世界中，学会共存不仅是个人成长的需要，更是国际社会共同面临的挑战。因此，教育部门需要不断创新，以培养具有国际理解素养的人才，推动各国人民相互尊重、相互理解，共同应对全球性问题。

综上所述，"学会共存"作为一个兼具理念与实践的教育目标，既是我国教育改革的重要方向，也是全球教育发展的共同趋势。它旨在培养具有国际视野、尊重多元文化、善于合作与沟通的新一代人才，以应对全球化时代所带来的各种挑战。在联合国教科文组织的积极推动下，各国教育部门应共同努力，将"学会共存"理念融入教育实践中，为构建和平、和谐、包容的世界贡献力量。

在当今这个全球化程度日益加深的时代，学会共存和国际理解的重要性愈发凸显。国际理解和学会共存的理念具有高度的一致性。联合国教科文组织的观点认为，国际理解教育正是对学会共存理解的具体实践。

其次，具有全球化行为能力在具体表现上来看，个体应该能够认知当今全球化重要议题，敏锐察觉国际交往中的偏见、歧视、误解等问题，并对全球化问题的合理解决进行深度思考。

全球化行为能力，是指一个人在国际舞台上具备的知识、技能和心态，能够跨越地理、语言、思想和文化的障碍，有效地参与到全球事务中。具备全球化行为能力的人，应当具备以下几个方面的特点：其一，全球化的认知能力。这意味着他要了解世界各地的文化、历史和政治制度，从而对世界文明的发展有全面的认识。这种认知能力有助于我们更好地理解国际事务，预测全球发展趋势，并从中汲取经验和教训。其二，具备国际化视角。这意味着要从全球的角度来看待和分析本土问题，跳出地域局限，以更广阔的视野审视本土社会、经济和政治现象。这样可以帮助我们发现本土问题在全球背景下的意义和解决方案，为本土发展提供国际参照。其三，跨文化沟通能力。这意味着要善于与其他文化背景的人们进行有效的沟通交流，尊重和理解他们的观点和价值观。这种沟通能力有助于我们消除文化隔阂，增进国家间的友谊与合作，共同应对全球性挑战。此外，具有世界公民意识。这意味着要认识到自己是世界公民的一员，承担起全球责任。

我们要关注全球性问题，如气候变化、能源危机、贫困问题等，同时积极参与到解决这些问题的行动中。这样既可以提高我们自身的国际竞争力，也有利于推动全球治理体系的完善。其四，适应和创新能力。在全球化背景下，人们需要不断适应变化的国际环境，具备强烈的应变能力和创新能力。这意味着要学会从不同的文化中汲取养分，形成独特的思维方式和行为模式，以应对各种挑战。

总之，具备全球化行为能力的人要具备跨文化沟通能力，承担全球公民责任，并具备适应和创新能力。只有这样，我们才能在全球化的大背景下，为个人和社会的发展作出更大的贡献。

在全球化背景下，世界正面临诸多挑战，如经济危机、气候变化、移民问题等。这些全球性问题已成为重要的不稳定因素，对各国乃至全球社会产生严重影响。为此，联合国及其他国际组织，如经济合作与发展组织（OECD）等，意识到必须全面应对全球性问题带来的挑战。

这样复杂的国际环境对国际中文教师提出的时代要求。国际中文教师的工作性质决定了他们经常与来自世界各地的中文学习者接触，而这些学习者对于经济危机、气候变化、移民问题等全球性问题的认识可能与国际中文教师相同，也可能不同，此时就要求国际中文教师从世界公民的视角出发来分析研究问题、形成辩证立场以及依据此种立场进行正确的行动，尤其是当出现观点相左、做法不同的时候，如何进行矛盾处理及危机公关，体现着国际中文教师国际理解素养的高低。

国际中文教师应该能够在运用跨文化思辨能力和全球化行为能力的基础上，审视自己的观点，辩证地看待他人的态度与行为，学会与差异和冲突共存，与本国之外的人建立互相关爱的关系。这一能力强调国际中文教师要具有分析研究全球性问题、形成辩证立场的能力，以及依据此种能力进行正确的行动，有效地参与到本地和世界性的事务中，履行自己作为世界公民的职责。

在全球化进程日益加快的今天，可持续发展的理念呼唤着人们朝着"世界公民"的方向努力，作为中外人文交流的重要力量，国际中文教师更需要具备正确、客观的本地和世界文明知识，国际化视角，国际化沟通能力以及全球化行为能力。

全球化行为能力作为国际理解素养中的高阶能力，对国际中文教师提出了更高的要求。在多元文化并存的社会中，国际中文教师需要具备强大的适应能力和跨文化交流互动的能力。只有这样，他们才能在各种文化背景下顺利开展教学活动，为学生提供高质量的教育。首先，全球化行为能力要求国际中文教师具备敏锐的政治经济洞察力。在国际政治经济环境不断变化的今天，教师需要关注国际事务，了解不同国家的政治经济体制，以便在教学中引导学生正确理解国际形势，增强他们的国际理解素养。其次，全球化行为能力强调全球信息处理能力。教师应善于利用各种媒体平台，关注全球性问题，掌握国际发展趋势。这样，他们才能在教学中引入最新资讯，拓宽学生的视野，培养学生的全球意识。此外，全球化行为能力还要求国际中文教师具备全球责任意识和主人翁态度。在面对全球性问题如气候变化、贫富差距等时，教师应引导学生认识到每个人都负有解决问题的责任。在此基础上，激发学生的积极性，鼓励他们为构建和谐的全球社会贡献力量。只有做到以上这些，才有可能在工作和生活中体现出全球化行为能力。

4.3.3. 意识与情感维度

国际中文教师国际理解素养的意识与情感维度强调国际理解素养的心理因素，是国际理解素养的必要组成部分。通过积极思考，将生活中遇到的每一个具体问题与国际理解范畴、命题、理念相关联，在深刻把握国际理解精神实质的基础上不断实践，是培养国际理解意识和情感的具体途径。

国际中文教师的全球视野和国际情怀，对于提升国际理解具有重要意义。在此基础上，国际中文教师会形成自觉的国际理解意识，建立积极正向的国际理解情感，并将这些观念融入自身的主体思想意识中。

国际理解素养的形成并非一蹴而就，而是包括认知、内化、自觉意识、积极情感、行为外化等多个阶段。首先，国际中文教师需要对国际理解建立基本的认知，了解其内涵和价值。接下来，他们要将这种认知内化，转化为自己的知识和信念。在此基础上，国际中文教师需要培养自觉意识，将国际理解观念融入教学实践中。在这个过程中，他们会产生积极的情感，这种情感会推动他们进一步提升国际理解素养。

在国际中文教师的职业发展中，他们需要将国际理解理论与自身的实践感悟巧妙地融入日常教学活动中，进而提升学生的国际理解认知水平。这一过程不仅是国际中文教师自身国际理解素养的提升，也是对学生的国际理解教育。这种教育方式体现了国际中文教育的特殊性，也是国际中文教师国际理解素养发展的高级阶段。而这一切的实现都源于国际中文教师内化于心的国际理解意识和积极正向的国际理解情感。

具体来看，国际理解素养的意识与情感维度应该包含以下一些因素：

1. 理解文化多样性

在全球化的背景下，我们面临着各种文化的碰撞和融合。要充分认识到文化多样性的重要性，尊重和欣赏各种文化的独特性。通过深入研究和比较，我们能够更好地理解不同文化背景下的价值观、行为规范和思维方式。

2. 文化自信与本土认同

在我国历史悠久的文明中，我们拥有丰富的文化底蕴。我们要树立文化自信，满怀信心地传承中华优秀传统文化、介绍中华优秀传统文化，时刻保持对本土文化的认同感。

3. 正向的跨文化情感适应

在全球化的背景下，我们不可避免地要与不同文化背景的人打交道。要学会理解和接纳不同文化，培养正向的跨文化情感适应能力，消除偏见和歧视。这有助于促进国际友好合作，增进各国人民的友谊。有效沟通是消除文化隔阂、增进了解的重要途径。我们要摒弃陈旧观念，敢于开口说话，善于倾听他人意见。通过真诚、友好的沟通，我们可以化解误解，增进共识，为国际文化交流打下坚实基础。

4. 共同命运情怀与全球责任感

面对全球性问题，如气候变化、资源短缺等，我们要树立共同命运情怀，积极参与国际合作，共同应对挑战。同时，我们要承担全球责任，助力全球可持续发展，为"构建人类命运共同体"贡献力量。

5. 开放包容、积极学习、面向未来的情感态度

在这个快速变化的世界，我们要保持面向未来、开放包容的心态，积极学习新知识、新技能，不断提升自身综合素质。

这几个方面均与心理因素密切相关，且相互之间紧密联系，共同构成了国际理解素养的第三个维度，现分别进行讨论。

4.3.3.1. 理解文化多样性

联合国教科文组织对国际理解教育概念的解读，始于对"多元文化"的倡导，即倡导对不同文化的理解与尊重。这一理念源于全球化背景下，世界各国文化交流与互动的日益频繁，以及由此带来的文化冲突和文化误解。

多元文化的研究已经经过了一段时间的发展，众多学者参与其中，旨在发掘多元文化对人类发展的重要意义。在初期，人们对多元文化的内涵理解较为简单，存在过分强调文化差异独特性的问题，研究往往局限于表面差异的探讨，忽视了文化内涵的丰富性。这种片面的认识导致了人们对多元文化的理解存在局限，很难全面把握多元文化对人类发展的真正价值。然而，在全球化的大背景下，各国文化交流日益密切，人类社会逐渐呈现出多元化和多极化的特点。这一变化使得人们对多元文化的认识得到了深化和拓展。

随着对多元文化内涵的不断挖掘，人们开始意识到，多元文化并非仅仅强调文化差异，更重要的是，它为人类社会提供了丰富的文化资源，为不同文化背景的人们提供了交流、学习和融合的机会。这种全新的认识使得多元文化研究逐渐深入人心，人们开始关注如何在教育领域推动多元文化的实践。

在此基础上，多元文化教育应运而生。它以尊重、包容和平等为核心价值观，提倡在不同文化背景下，培养学生的跨文化沟通能力和全球视野。多元文化教育不仅丰富了教育内容的多样性，也为教育方法和评价体系带来了创新。通过多元文化教育，人们可以更好地适应全球化时代的发展需求，为构建和谐、包容的社会作出贡献。

因此，国际中文教师在这样的背景下，承担着重要的使命，他们需要

对文化多样性有着充分理解，也就是要建立一种多元文化意识。多元文化意识是一种包容、开放的心态，是对世界优秀文化成果和不同文化的独特之处怀有尊重并懂得欣赏的态度。这意味着，国际中文教师不仅要深入了解自己国家的文化，还要熟悉其他国家的文化，从而能够理解和尊重各种文化的差异。这种理解与尊重，是国际理解素养的必备要素，也是提升国际理解素养的途径。

在国际理解素养的视域内，我们认为多元文化意识是目标，也是手段。通过培养多元文化意识，可以帮助人们正确看待和化解客观存在的文化差异和文化障碍。这种理解与尊重，不仅有助于消除文化隔阂，增进国家间的友谊和合作，也有助于培养世界公民，促进世界的和平与发展。

因此，国际中文教师应身先士卒，率先树立和强化自己的多元文化意识，然后在教学过程中，引导学生逐步形成多元文化观念。这不仅有助于提高学生的国际理解素养，也有助于推动我国的国际中文教育事业发展，为世界各国人民的交流与理解搭建桥梁。

首先，国际中文教师必须在不断学习世界知识的基础上，了解不同文化及其背后的深厚底蕴，更重要的是要认同其存在的事实，理解不同文化对某个特定人群的价值与存在的合理性，从而提升国际中文教师对于文化的尊重和理解程度。

我国教育界对"多元文化意识"的培养非常重视，这也有助于我们从侧面了解多元文化意识对于新时代人才的重要意义。《国家中长期教育改革和发展规划纲要（2010-2020年）》在"多元文化"方面对人才提出的要求着重"理解"，加强学生了解异国文化，促进文化互动，以此为中介传播多元文化知识。

对于国际中文教师来说，多元文化意识的培养需要同之前提到的"世界知识"的学习进行关联。国际理解素养视域下的世界知识毫无疑问应该包含多元文化主题，多元文化涉及的主题广泛，例如各国的地理条件和自然资源、风土人情、日常礼仪、生活习惯的差异等，还包括各国的历史演变、政治制度、经济发展、科技进步等方面，还有比较重要的是世界不同民族的分布及其特点、宗教信仰、宗教仪式、宗教典籍等。

国际中文教师要通过多元文化知识的学习，逐步树立起正确的文化观，相应地，国际理解素养的情感维度就是指国际中文教师面对文化差异时所表现出来的积极心态。

从更高的层次上来看，多元文化意识使得国际中文教师能够在进行教学的过程中关注到来自不同文化的学生应该被赋予的平等机会，在课堂教学及课外活动等国际中文教育环境中营造公平的氛围，使学生在中文的学习过程中体验到自身文化被认同、被尊重的教育公平性。

4.3.3.2. 文化自信与本土认同

习近平总书记指出，文化自信是更根本、更深沉、更持久的力量。我国《国家教育事业发展"十三五"规划》把包括"文化自信"在内的"四个自信"放在了指导思想的位置。"文化自信"的理念与国际中文教师的国际理解素养存在深刻的内在关联，应该是国际理解素养的认知出发点。国际中文教师是教授中文、促进中华文化走向世界的使者，需要高度认同本土文化并拥有高度的文化自信。文化自信是一个国家、一个民族对自身文化生命力及自身文化价值的坚定信念。要在中华文化的历史、现实和未来发展中坚定文化自信，要坚定和增强文化自信与本土认同，既要具备深邃的历史视野，也要具有广阔的世界胸怀。

作为一名国际中文教师，对本土文化的认同和了解是至关重要的。这是因为，本土文化的认同不仅是国际理解意识的出发点，也是传播中华文化、促进中外交流与合作的基础。因此，国际中文教师需要对中国的历史、文化传统有比较深入的了解，应当掌握我国文化传统的核心内涵，并在教学中加以传播，让学生了解到中华文化的多元性和包容性，这样才能在教学过程中准确地传递和展示中国的形象，而这一切的基础都是国际中文教师自身对本民族文化的高度自信和认同。

在当今全球化的语境下，国际中文教育专业人才唯有在坚持文化自信的基础上，提升国际理解素养，在秉承尊重不同文化的包容心态的同时，保持对本土文化的深刻认同，坚定文化自信并满怀民族自豪感地工作，才能更好地为国际中文教育事业服务。

首先，国际中文教师需要清醒地认识到，虽然世界不同国家和地区的文化呈现出丰富的多样性，但我们所处的时代是全球化程度日益加深的时代，全球化的影响也渗透到生活的各个方面。从文化的角度来看，各个不同文化之间的联系在不断加强，互相的影响也越来越深刻，不同文化之间的边界也在不断淡化。其次，文化全球化是时代发展的产物，但是从另外一个角度来看，在文化全球化的进程中，国际中文教师由于工作属性的问题更加容易受到外来不良文化心态的影响，这些现象需要引起人们的重视。

习近平总书记在中央政治局第三十次集体学习时强调，要更好推动中华文化走出去，以文载道、以文传声、以文化人，向世界阐释推介更多具有中国特色、体现中国精神、蕴藏中国智慧的优秀文化。当今世界正经历百年未有之大变局，世界范围内各种文化之间不但存在着密切的交流和深度的交融，也存在着多个层次的激烈交锋。面对这样日益复杂的国际政治、经济环境，我们要实现从大国到强国的奋斗目标，离不开文化自信的有力支撑。同时，成为文化强国、提升国家文化软实力也是我们努力的方向。这需要文化工作者努力推动中华文化走出去，提升中华文化影响力。毋庸置疑，国际中文教育承担着"中华文化走出去"的历史重任，更需要自觉地学习我国传统文化、了解当代中国国情，秉持文化自信的根本理念开展国际中文教学工作。

中华文化既是历史的，也是当代的；既是民族的，也是世界的。推动国际中文教育事业不断发展，促进中华文化的国际传播，提升中华文化的国际影响力，需要国际中文教师在积极寻求全人类的文化共识和共同价值的同时，充分理解中华文化的精神内核，进而坚定和增强文化自信。

对"自文化"的认同是国际中文教师国际理解素养中的基本要素，它是国际中文教师实现"自文化担当"的基础，也是深刻影响着中华文化国际推广效果的重要因素。国际中文教师的对本土文化认同首先就要对中华传统文化有深入的了解。

在国际理解素养的知识维度中，我们就对中华传统文化的重要性进行了论述。中华传统文化主要是指由中华风俗文明汇聚而成的，是中华民族上下几千年的文化结晶，是中国历史上各种观念形态的总和，影响着整个社会的物质和意识形态。国际中文教育事业作为我国开展中外语言文化交流活动的重要桥梁，作为提升国家文化软实力的关键领域，肩负着向世界介绍中华文化的重任。在这个事业中，我们必须有意识地将中华文化的丰富内涵和价值态度融入教学过程，使之成为一种独特的教学表达方式。

要想实现这一目标，离不开广大国际中文教师的不懈努力。作为一名合格的国际中文教师，首先应该对中华文化抱有深厚的热爱和全面的理解。只有这样，才能在教学过程中准确、深入地传播中华文化，让学生在学习语言的同时，也能了解到我国的历史、传统、风俗和价值观。

需要我们尤其注意的是，文化自信与本土认同作为国际中文教师的必备意识，与其全球意识并不矛盾冲突，这二者之间是密切关联、互相支撑的。

中华优秀传统文化是中华民族的瑰宝，其内涵丰富，源远流长。其中的"天人合一""和为贵""和而不同""己所不欲，勿施于人""天下为公"等思想既是中华文化的精神内核，又是世界各国人民能够普遍接受的文化共识。这些思想蕴含着以人民为中心的理念，根植于中国特色社会主义伟大实践，凝结着全体中国人民共同的价值追求，同时又吸纳和发展了和平、发展、公平、正义、民主、自由的全人类共同价值，具有广泛的包容性。在全球化的背景下，弘扬这些优秀文化，有助于促进人类文明的共同发展，实现和谐共处。我们应该继续传承和发扬这些宝贵的精神财富，为构建美好未来贡献力量。

面对全球治理与发展，中国始终秉持"世界大同、和合共生""兼济天下而非独善其身"的中华文化理念，提出"一带一路"倡议和"构建人类命运共同体"理念，与世界各国人民携手应对地区争端和恐怖主义、气候变化、网络安全、生物安全等问题，有力地彰显了中华文化在担当人类文明发展重任中的精神力量，这样的精神力量支撑着国际中文教师文化自信程度的不断提升，也会使国际中文教师在工作与生活中自觉地对外宣传、介绍我国的文化。

4.3.3.3. 正向的跨文化情感适应

国际中文教师的国际理解素养还应该包含正向的跨文化情感适应因素。在全球化的背景下，国际中文教师所面临的压力和挑战也是多元化的。

他们在教学过程中，需要面对来自不同文化背景的学生，处理复杂多变的文化问题，这无疑给他们带来了巨大的压力。在这样的环境下，国际中文教师的跨文化适应能力变得尤为重要。

跨文化适应能力指教师能在面对文化差异时，采取合理的策略进行应对，并在情感上进行调试来解决跨文化交际中所产生的问题的能力。这种能力是国际中文教师所必备的，因为它能帮助他们更好地在文化冲突中调整自我，尤其重要的是，帮助国际中文教师从自身情感的角度进行正向的调节，保证教师教学活动与个人生活的顺利进行。国际中文教师应该是多元文化意识的积极践行者，这也要求国际中文教师具有正向的跨文化情感适应能力。

文化适应能力是国际中文教师必不可少的能力之一，"多元文化教育之父"班克斯（Banks）提出了文化身份的分类阶段，依次是文化自卑、文化封闭、文化澄清、双文化、多元文化、世界主义。国际中文教师要从焦虑的情感逐步过渡到积极乐观的情感和态度，并通过积极乐观的情感和态度顺利走过文化自卑、文化封闭、文化澄清、双文化、多元文化、世界主义的过程，从而更好地完成国际中文教学的任务。

具体来看，国际中文教师初到国外开展工作难免感到的焦虑和沮丧，尤其是思乡情感引发的情绪问题是国际中文教师群体在国外进行教学时容易产生的最突出的问题，之后随着交际参与度的逐渐提高，国际中文教师的交际信心慢慢提高，最后可以发展到充分激发自身的责任感与使命感，进而满怀民族自豪感地进行创造性教学活动这样较为理想的状态。

这一过程所需要的时间因人而异，或漫长或短暂，但是毫无疑问的是，这一过程发展的主导因素就是正向的跨文化情感适应，要想实现前文提到的国际中文教师的理想工作状态需要在跨文化情感适应方面做到以下几点：

首先，避免消极的跨文化情感态度。在国际中文教学的过程中，文化差异所带来的挑战是难以避免的。这是因为国际中文教学的本质任务，就是要在不同文化背景下的人们之间搭建一座沟通的桥梁。当然这个任务并不容易完成，考验着国际中文教师的跨文化适应能力。

这意味着，他们要在尊重和理解赴任国文化的基础上，保持自身文化的独特性，同时与赴任国主流社会建立良好的关系。这种适应性不是被动地接受，而是主动地、有选择地融入。在这个过程中，国际中文教师应避免两种消极的跨文化情感适应态度。一种是文化自大，这种态度会使教师陷入自我封闭的陷阱，无法真正理解和学习赴任国的文化。另一种是文化自卑，这种态度会使教师过于夸大异质文化的优势，从而忽视了自身文化的价值。国际中文教师应以积极、乐观、平和的态度，去应对可能出现的跨文化交际问题。这种态度不仅能够使他们在海外的生活和工作更加顺利，也能够帮助他们真正实现跨文化沟通的目标。

其次，跨文化情感适应要与教学活动紧密联系。国际中文教学的过程其本质也是一种跨文化交际活动，这就不可避免地涉及教师的正向情感适应能力，也涉及教师能否引导学生对中华文化产生正向的情感适应，其中蕴含着国际中文教师跨文化情感适应教学的融入问题。跨文化情感适应应该与教学活动紧密联系，因为教学活动无疑是国际中文教师在海外参加得最多的活动，且在中文教学环境中，国际中文教师更容易把握课堂的交际走向，这样的语境下，有利于国际中文教师尽快调整心态与情感，尽快摆脱因在异国他乡而带来的焦虑和沮丧，也只有在国际中文教师克服了跨文化情感障碍时，他们才能对教学活动充满信心与热爱，才能实现真正的平等对话和双向交流。例如，在教学过程中，国际中文教师不仅要把基本语言要素的知识传授给学生，还要适当地将其中蕴含的文化内涵、思想观念等内容介绍学生。同时，教师也需要认真倾听学生的反馈，因为跨文化情感适应不仅仅是教师向学生的单向宣讲，更应该是一种师生双方在互动交流语境中共同的正向的情感适应。

4.3.3.4. 全球意识与共同命运情怀

全球意识是国际理解素养的核心要素之一，是发展国际理解素养的重要基石。国际中文教师应该具有全球意识，树立全球意识是培养"人类命运共同体"情怀、培养全球责任感的重要基础。国际中文教师应充分认识到中国在国际事务中的责任与地位。在当今世界，中国已成为全球重要的经济体和外交力量。国际中文教师应把握这一时代背景，这样才能真正完成国际中文教育的使命。

国际中文教师首先要有世界文化知识，了解各国的社会历史及当今发展的基本情况，掌握世界各个领域的发展趋势，关注如环境污染、气候变化、恐怖主义、极端贫困等全球性问题。更为关键的是，国际中文教师需要重点掌握全球关联性知识，以便在教学过程中能够引导学生从全球的角度来看待和理解各种现象和问题。

在此基础上，国际中文教师需要具备全球化视野和敏锐的洞察力，积极关注和思考全球性的议题和挑战。这就要求我们充分利用国际理解素养能力维度中提到的"全球信息获取能力"，从多角度、多渠道获取关于整个人类生存发展问题的信息。

这些信息涵盖了众多领域，如和平与发展、环境与生态、贫困与饥饿等。作为国际中文教师，我们不仅要关注这些问题，还要引导学生共同关注，让他们了解全球性挑战的严重性，激发他们为解决问题贡献力量的热情。

在思考和行为上，国际中文教师应具备大局意识，站在全局的高度来看待和处理问题。我们要具备全球视野和观点，了解各国文化和发展的差异，尊重不同价值观，树立起全球共同体意识。这样，才能更好地承担起国际中文教育的使命，为推动全球和谐发展贡献力量。

在全球化的大背景下，世界各国间的联系日益紧密，人类面临着诸多共同挑战。这些挑战跨越国界，超出了单个国家的应对能力。因此，全球性问题需要全球性解决方案，各国需携手共进，共同应对。在这个背景下，"人类命运共同体"意识就更加凸显其重要意义，它站在全球人类共同发展的高度理解问题，是国际理解素养五个意识维度中的较高层次。

"人类命运共同体"理念是一种着眼于全球合作、共同发展的崭新理念。在这个理念的背后，蕴含着我国对全球治理体系的深刻思考，以及对人类未来发展道路的独到见解。这一理念主张各国平等相待、互商互鉴，共同构建一个公正、公平、共享的安全格局，以实现人类社会的共同繁荣。

首先，"人类命运共同体"强调各国平等相待。在这个观念中，国家不分大小、强弱、贫富，都具有平等的地位和权利。这意味着各国在国际事务中应该平等参与、平等对话、平等决策。平等相待不仅是国际关系的基本原则，也是实现国际合作、解决问题的前提。只有在平等的基础上，各国才能真诚地相互尊重、学习、借鉴，共同应对全球性挑战。

其次，"人类命运共同体"倡导互商互鉴的合作关系。在全球化深入发展的今天，各国之间的利益日益紧密相连。面对共同的挑战，各国应当摒弃零和博弈的思维，积极参与国际合作，寻求共同发展。互商互鉴意味着各国在合作中要充分沟通、协商，尊重各自的核心利益和关切，同时在学习中相互借鉴，取长补短。这样的合作关系有利于各国共同应对全球性挑战，实现共同安全、共同繁荣。

最后，"人类命运共同体"致力于打造公正、公平、共享的安全格局。在这个格局中，各国共同维护国际和平与安全，共同应对各种传统和非传统安全威胁。公正、公平、共享的安全格局意味着各国在维护自身安全的同时，要尊重其他国家的主权和安全，维护国际公平正义，推动全球安全治理体系更加公正合理。通过共同努力，构建一个持久和平、普遍安全、共同繁荣的世界。

"人类命运共同体"意识强调各国要追求共同发展，实现合作共赢。在这一理念的指导下，各国不再仅仅关注本国利益，而是寻求全球性的深度理解与合作共赢，进而根本性地解决人类发展进程中的重大问题。

在我国提出的"一带一路"倡议中，"人类命运共同体"意识得到了充分体现。通过这一倡议，我国积极倡导各国携手合作，共同应对挑战，推动全球发展。这不仅展示了我国的大国风范，也为世界提供了一个共同发展的平台。

国际中文教师肩负着传播中华文化和推动国际交流的重要使命。为了更好地履行这一职责，他们需要具备一种共同命运情怀，同时也要积极参与全球问题的思考与合作，以期为构建一个更加和谐、公正、繁荣的世界贡献力量。

在国际中文教师的国际化认知视野中，他们应当跨越国家、民族和文化的界限，积极参与跨国教育的交流与合作。这一方面有助于增进各国人民之间的相互了解和友谊，另一方面也有利于推动全球教育的发展和进步。这种国际化视野正是"构建人类命运共同体"的必然要求，也是顺应时代发展大趋势的要求。

在全球化背景下,国际中文教师需要站在"人类命运共同体"的立场上去审视和处理各种国际问题。他们应当教育学生,无论国籍、种族和文化背景如何,都应该树立共同发展的理念,尊重差异,寻求共识,共同应对全球性挑战。这样的教育,既有益于培养具有国际视野和共同命运情怀的下一代,也有助于推动世界各国携手共进,实现共同繁荣。

作为"构建人类命运共同体"的前沿力量,新时代国际中文教育事业应当凸显共同命运需求和价值取向。世界公民需要有一个更宽广的心理格局来认知全球融合与全民共享,这离不开更为高端的价值观层面的保障,因此培育学生的全球意识与共同命运情怀是国际中文教师新时代开展国际中文教学的重要任务之一。

4.3.3.5. 开放包容、积极沟通、面向未来的情感态度

联合国教科文组织在早期对国际理解教育概念的解读,主要关注点是"和平""宽容""协助"。这些关键词体现了国际理解教育的核心价值,旨在促进全球各国人民之间的相互理解和尊重。相应地,此时的国际理解素养内涵涵盖了"开放包容""积极沟通""面向未来"等方面,以培养具有全球视野和跨文化沟通能力的现代人为目标。

国际理解教育倡导人类之间紧密的社会情感联系,帮助学习者超越由地域或特定社群所带来的狭隘排他心态。这种教育理念强调,只有通过深入了解和接纳不同文化背景下的观念和行为,才能消除误解和偏见,为国际友好合作奠定基础。将视野置于全球,国际理解教育鼓励学习者关注国际事务,积极参与国际交流与合作,为构建和平、宽容、协作的世界贡献力量。

在国际理解教育的过程中,开放包容是至关重要的。这意味着学习者需要具备接纳多元文化的心态,尊重他人的观点和选择,以平等、互助的态度与他人沟通交流。开放包容有助于培养学习者的包容心,使他们能够在面对不同文化时保持冷静和理智,避免盲目排斥和歧视。

积极沟通是国际理解教育另一个关键要素。在全球化背景下,各国之间的交流与合作日益密切,掌握跨文化沟通技巧对个人和社会的发展具有

重要意义。积极沟通意味着学习者需要具备良好的表达能力和倾听能力，善于从他人的角度思考问题，以达成共识和合作。

面向未来是国际理解教育的重要方向。在全球环境日益严峻、资源紧张的背景下，学习者需要具备可持续发展观念，关注全球性问题，如气候变化、能源危机等。同时，面向未来还意味着学习者要具备创新精神和实践能力，为解决全球性问题贡献智慧和力量。

当今时代是一个文化全球化的时代，文化全球化具有鲜明的时代特征，首先是繁杂多样的流行文化盛行。各种文化相互交融，蓬勃发展，成为当下的流行文化，其次，传统文化与外来文化交汇。开放包容的情感态度是理解文化全球化的基石，对国际中文教师的国际理解素养发展有着重要意义。国际中文教师特殊的职业特点要求他们对于外界的了解要更加深刻、广泛，尽量减小自身视野的局限性，应该具有文化包容精神，尊重自己本民族的文化，也尊重其他民族的文化，以开放的姿态真心欣赏人类文明的优秀成果，入境问俗、入门问讳、入国问禁，在教学和生活中尊重学生的风俗习惯和文化传统，怀着认真倾听、开放自信的心态开展国际中文教育教学活动。

国际理解素养中的意识、态度和价值观要素是属于高层次的情感要素，是国际理解素养的关键。在全球化背景下，国际中文教师需要引导学生树立正确的民族观、文化观和世界观。教师自身也应具备全球化的视野，对待不同文化保持开放和包容的态度，以此影响学生的情感态度。在这个过程中，教师要关注学生的情感变化，引导他们理解和尊重各种文化，培养跨文化沟通能力。国际理解素养的提升需要将问题放在全球大背景下思考。国际中文教师应关注国际形势的变化，将最新的国际动态融入教学实践中。

习近平总书记在联合国成立 70 周年系列峰会上的讲话中明确指出，和平、发展、公平、正义、民主、自由，是全人类的共同价值。一方面，这表明人类社会是存在互相关爱、携手共进的价值观基础的，而国际中文教师就应具有基于集体福祉与可持续发展的使命感及责任感，这是作为一个世界公民的主人翁态度；另一方面，国际中文教师的价值观追求要通过工作中所贯穿的开放包容、积极学习、面向未来的情感态度来实现，要通过教育教学过程中内容与形式丰富多样的具体行动来体现，包括积极了解全球发生的事件，通过相关媒体表达自己的立场和观点等。同时，国际中文教师应该具有自尊自重和进取向上精神，站在本民族的立场上，将视野拓展到全球范围，以一种包容万象的心态去看待世界各国之间的差异。在这个过程中，国际中文教师要保持一种虚心学习的态度，吸收世界各地的优秀文化，以此丰富自身的文化底蕴。这个世界因为多元文化而丰富多彩，正是这种多样性使得我们的世界更加充满活力。因此，我们要以一种开放的心态去接纳这些差异，学会在与他国的交流中取长补短，共同进步。国际中文教师要善于学习世界上的优秀文化。这不仅包括科学技术、文学艺术等方面，还包括价值观念、生活方式等。我们要学会在学习中借鉴和吸收，要积极参与国际文化交流，让本民族的文化走向世界，同时也吸收世界各地的优秀文化，实现文化的互动与交融。

国际理解素养的意识与情感维度更多的是一种心理素养，是国际中文教师从知、情、意、行几个方面所体现的深层次的根本态度和价值取向。这一维度的素养蕴藏在每一位国际中文教师的心理过程中，外在表现于具体的行为处事上。形成能够理解文化多样性，坚持文化自信与本土认同，具有良好的跨文化沟通意愿，拥有共同命运情怀与全球责任感的、开放包容、积极学习、面向未来的情感态度的健全人格或个性应该是国际中文教师努力的方向。

综上所述，国际中文教师的国际理解素养，是一个涵盖知识、能力和情感三大维度的综合性概念。在这个范畴中，知识指的是世界不同文明的了解，能力则包括外语技能、跨文化沟通能力和跨文化思维能力等，情感层面则涉及世界公民意识、态度和价值观等。

在全球化日益加深的今天，国际理解素养的重要性日益凸显。它不仅仅是一种知识的积累，更是一种能力的体现，一种思维方式的塑造。在国际理解素养的构成中，各个要素之间不是互相割裂的，而是密切关联联系、相互作用的有机整体。这些要素共同构成了国际理解素养的内涵和框架，形成了推动国际理解素养提升的合力。

首先，国际理解认知是基础性素养，它是心理、知识、能力等素养的认识论基础。只有对国际理解有清晰的认知，才能形成完整的知识体系，从而提升执行能力。认知的清晰度对于国际理解素养的提升起着至关重要的作用。

其次，国际理解心理是内在性的素养，它是认知的心理基础，为知识的丰富发展和能力的发挥提供内在动力。只有具备良好的国际理解心理，才能在面对复杂多变的国际问题时，保持冷静，做出理性的判断和决策。

最后，国际理解知识是结构性素养，它是认知积累的必然结果，也是心理发展的必然要求，同时还为实践能力提供理论指导。国际理解知识不仅可以帮助我们理解和分析国际问题，也可以指导我们的实践活动，使我们的行动更加符合国际理解的要求。

对于国际中文教师来说，国际理解素养的培养尤为重要。他们需要注重认知、心理、知识、能力的全面提升。这一过程始于认知，经过心理的内在驱动，形成知识体系，最终转化为实践能力。在这个过程中，每一个环节都是不可或缺的，共同构成了国际中文教师国际理解素养的有机整体。

国际理解素养的高阶应用

5.1. 开展国际理解教育

5.1.1. 国际理解教育的概念及其在我国的发展

国际理解素养的概念正是由于国际理解教育的开展而提出的，二者之间的紧密联系不言而喻。现在，国际理解教育的重要性越来越凸显，各国都在以各种形式开展国际理解教育。而国际中文教育作为我国提供给世界的重要教育产品，也应该在新时代积极回应国际理解教育的使命呼唤。

第二次世界大战结束之后，人们艰难地从创伤中走出来，开始进行深刻的反思，"和平"和"理解"成为当时的主旋律。此时，国际理解教育应运而生。1946年联合国教科文组织大会上，"国际理解教育"作为一个独立、明确的概念首次出现在大众的视野中。国际理解教育顺应当时时代的主要思潮，宣扬"和平"与"理解"，其根本目的是增进世界各国、各地区不同文化之间的互相了解和彼此尊重。在强调互相了解和彼此尊重的重要性和必要性的同时，对其内涵、内容、目标等要素做出了相应说明。

国际理解教育由于第二次世界大战给人们带来的创伤和反思而出现，但发展至今，其意义已经超越了遏制战争和维护和平的层面，上升到面向未来的人类社会可持续发展的层面，这也使国际理解教育成为面向21世纪的一种新兴的、具有重要时代意义的教育理念。

全球化浪潮的迅速发展，促进了各国经济、政治、文化等领域的联系，这个过程中一方面使世界各国、各地区的合作与竞争更加紧密；另一方面，世界各国、各地区因为接触增多而不断出现文化差异引发出文化误解甚至冲突，这些问题需要各个国家和区域之间增加国际理解，实现有效、高效地跨文化沟通，共同解决面临的问题，使得彼此相互合作、和谐共存。

因此，具有国际理解的态度和能力得到世界各国的普遍认知。同时，联合国教科文组织也积极地做出了回应。1945 年，联合国教科文组织对教育概念给出了新的解释并提出了教育改革的目标和原则，强调了教育的功能，指出了教育在促进个人发展和推动社会进步方面的重要作用。教育应该关注人的"内在发展"和"外在发展"，突出了教育在促进各个国家和文化之间的相互理解中的作用，对于推动全球范围内的教育改革和发展产生了深远的影响。

《作为学校课程和生活之组成部分的国际理解教育》是一份关于"国际理解教育"的非常重要的文件，是 1968 年联合国教科文组织第 31 届国际教育大会通过的。文件强调了国际理解教育的重要性，认为它不仅是传授知识的过程，更是一种发展态度和行为的过程。该文件还强调了国际理解教育对于增进国际团结以及对世界各国及民族之间相互依存的理解的重要性。随着人们对国际理解教育的逐步重视，该文件被 1974 年召开的第 18 届国际教育大会确定为国际理解教育的规范性文件，获得了一定范围内的关注。《关于促进国际理解教育、合作与和平及关于人权和基本自由的教育的建议》是联合国教科文组织在此次会议上颁布的另一份重要文件。该文件明确了国际理解教育的基本内涵，并进一步明确了其具体内容，特别强调了道德教育、价值教育、公民教育以及关于国际环境等方面，强调世界各国在人口、粮食、资源、环境、能源等问题上的相互依赖性。这份建议书是国际理解教育发展的第一个里程碑，内容涉及在教师教育、教材开发、课程与教学、国际交流与合作等方面实施国际理解教育的具体方案。

1981 年，联合国教科文组织在《国际教育指引》中明确界定了国际理解教育的目标，主要包括强调培养平和心态、具有人权意识、对国家和民族的认同感、理解国际及其他民族文化、认同国际相互依存关系与全球共同存在的问题、形成世界意识，以及具有国际协调及国际合作的能力。这一指引旨在通过教育，提高人们对不同国家、不同文化的认识和理解，培养具备国际视野和跨文化交流能力的人才，以促进世界和平与发展。

1994年，联合国教科文组织召开了第44届国际教育会议，其主题是"国际理解教育的总结与展望"，该会议重申了培养学生国际理解的态度能力以及与人交往、共处的能力。同时，该会议也以建设"和平文化"为中心内容，共同探讨了如何进一步加强国际理解教育，提高教育质量，培养具有全球视野和跨文化交流能力的人才。会议强调了国际理解教育的必要性和重要性，提出了加强国际理解教育的具体措施，同时呼吁各国政府、教育机构和民间团体加强合作，通过了《第44届国际教育大会宣言》，为各国加强国际理解教育提供了重要的思路和方向。

国际理解教育是全球教育发展的一个重要趋势，可以说国际理解教育从实质上来说是建立在"共存"与"多元"的基础上，国际理解教育作为一项重要的教育战略，其核心目标是增进民族间和国家间的相互理解、促进世界和平与合作，培养具有国际视野、国际交往能力和国际合作能力的公民。同时看到各种差异之间的对立、统一、共存的关系。其核心目标的要素应该涵盖"人权""和平""文化理解"，"人权"是国际理解教育的基石，"和平"是国际理解教育的关键要素，"文化理解"是国际理解教育的重要组成部分。塑造具备全球视野和责任意识对于推动世界和平与发展具有重要意义，要教会学生"学会共存"，而"学会共存"的前提条件是要提高对世界其他国家、地区的文化的理解。由于历史、地理、宗教等多重因素的影响，每个国家和地区都形成了独特的文化，这些文化之间的差异可能导致人们在看待同一问题时产生截然不同的观点。因此，深入理解和尊重文化差异是实现共存的关键。通过国际理解教育，可以更好地认识世界各地的文化、增进各国人民之间的友谊与合作、推动世界和平与发展。所以，明确对国际理解的认识，掌握国际理解的技能，形成对国际理解的态度，构成了国际理解素养。

在全球化日益发展，各国之间的合作与竞争日益密切，文化差异和国家间冲突不断出现的今天，建立国际理解就是要按照"人类命运共同体"的理念，促进不同文化背景下不同民族之间的和谐共处。为此，我国正在积极讨论和研究相关问题。

我国对国际理解教育非常重视，并于 2001 年颁布了《基础教育课程改革纲要（试行）》，强调了国际理解教育在全球化时代的重要性与必要性。该文件的发布对我国国际理解教育的发展起到了重要的指导作用，它不仅继承了我国基础教育的优良传统，还吸收了我国基础教育课程改革的优秀成果，参考了世界各国课程改革的先进思想和深刻思考。该文件对国际理解教育进行了全面的、多维度的解读，注重培养学生的全球视野、多元文化教育、国际交流与合作、外语教育等方面的能力，同时也要注重培养学生的爱国主义和民族精神、公民责任感等方面的能力；并指出国际理解教育与素质教育是相辅相成的、同向同行的。国际理解教育是素质教育的重要组成部分，这对于提高学生的综合素质和终身学习的能力具有重要意义。

为了适应经济全球化的趋势，培养具有国际视野和跨文化交流能力的人才，推动中国在国际舞台上的发展，2010 年 7 月发布的《国家中长期教育改革和发展规划纲要（2010-2020 年）》对国际理解教育进行深入的解读。该文件指出，国际理解教育要强调跨文化交流，培养具有国际视野的人才，以适应国家经济社会对外开放的要求。在教育过程中，需要理解世界文化的多样性，尊重各国历史、传统和价值观。该文件是中国进入 21 世纪之后的第一个教育规划，是全面提升教育质量和水平的指导性文件，对教育改革和发展具有重要的指导意义，这是我国首次在国家政策层面上明确提出要重视国际理解教育。

为了更好地推动学生核心素养的发展，教育部根据党的教育方针和时代要求，于 2016 年 9 月发布了《中国学生发展核心素养》这一指导性文件；并提出了全面、系统、具有前瞻性的教育框架，旨在培养具有国际视野、中华文化底蕴、创新精神和实践能力全面发展的人才，以适应未来社会的挑战和机遇。该文件厘清了核心素养与国际理解素养之间的关系，并从官方角度对"国际理解素养"的定义做出了权威解读，将国际理解素养列为我国学生基本核心素养之一。国际理解素养作为基本核心素养之一，其重要性不言而喻，同时，由于国际理解素养相较于其他素养来讲，在我国研究时间不长，这使得国际理解素养的提出引起了大家的重视，相关的研究也在增加。

与国际理解素养紧密关联的国际理解教育也越来越受到大家的重视。2016 年 4 月，由中共中央办公厅、国务院办公厅印发的《关于做好新时期教育对外开放工作的若干意见》，旨在推动我国教育对外开放工作向更高水平发展，充分发挥教育在"一带一路"倡议中的重要作用，形成重点推进、合作共赢的教育对外开放局面。为我国经济社会发展提供更加有力的人才支持和智力保障。2020 年 6 月发布的《教育部等八部门关于加快和扩大新时代教育对外开放的意见》，这份文件的目标是加大中外合作办学改革力度，提出了一些具体的改革措施，加快培养具有全球视野的高层次国际化人才；推动职业教育更加开放畅通，加快建设具有国际先进水平的中国特色职业教育体系；提高基础教育对外开放水平。在当前全球化和信息化的背景下，这份意见的发布是我国教育对外开放政策的重要里程碑。为落实并推进国际理解教育政策，青岛市、成都市、武汉市等相继出台了"发展规划"或"计划"等，有效带动了各地国际理解教育的开展及国际理解素养的提升。

5.1.2. 国际理解教育与国际中文教育的内在关联

国际理解素养与国际理解教育是目的与途径的关系，培育学生的国际理解素养是国际理解教育的目的。国际理解教育和国际理解素养又是两个不同的概念。国际理解教育是一种教育过程，侧重于教育教学，而国际理解素养是一种内化的能力和修养，更多地侧重于人的发展。所以，国际理解教育与国际理解素养之间存在着密切的关系，因此我们将这二者作为一个大的范畴进行研究。

在这样的大环境下，国际中文教育事业也需要积极响应《关于做好新时期教育对外开放工作的若干意见》与《教育部等八部门关于加快和扩大新时代教育对外开放的意见》这两份报告在教育政策上的发展战略要求，在国际中文教育事业中积极推进国际理解教育，这一目标与国际中文教育自身的本质属性是高度一致的。

国际中文教育的目的是培养具有扎实的汉语基础、较高的外语水平和对中外文化有较高了解程度的语言技能型专业人才。通过教育和培训，使受教育者熟练掌握汉语作为第二语言的教学技能，培养有效的跨文化交际能力和良好的跨文化意识，以适应国际中文教学的需要。此外，国际中文教育在促进中外语言文化交流、增进国际友谊、弘扬中华文化、增强国际影响力等方面发挥着重要作用。由此可以将国际中文教育的主要目标总结为以下五个方面：

1. 语言习得（即汉语能力的获得）。
2. 交际沟通（即使用汉语进行交际的能力的建构）。
3. 经济互惠（即使用汉语促进获得经济利益）。
4. 文化宣扬（即中华文化的传播）。
5. 中外互动（促进中国社会与国际社会的"社会互动"）。

毫无疑问，国际中文教育最直接、最显性的目标是学习者"汉语能力的获得"。按照语言学的一般理论，我们基于对"语言"和"言语"的区分，结合语用学的观点，在此基础上进一步考虑，不难得出结论：国外的汉语学习者来学习汉语也是为了"培养交际能力"。我们不仅要使学生在语言层面上具备"听、说、读、写"汉语的能力，而且还要帮助学生能够使用汉语与中国人成功地进行交流。

在国际中文教育中，除了注重语言技能的培养和文化交流外，经济利益的实现也是一个不可忽视的重要方面。语言作为交流的工具和媒介，除了传递信息和思想，还承载着经济价值。随着中国经济的崛起和全球化进程的加速，商品和劳务输送、技术的分享、商业机会的拓展等很多场合都需要使用中文进行交流。另外，中文学习中还蕴藏着丰富的文化价值和经济机会。就学习者个人而言，中文的学习过程也就是"个人语言资本"的增值过程。

中华文化的国际传播是国际中文教育更为重要的一个任务，这一任务相对来说完成的困难程度要比"语言习得"、"交际沟通"和"经济互惠"大很多，但却是一个不可忽视的重要任务。西方战略学者克莱因提出计算国家力量的公式：

国家力量=硬实力［（人口+领土）+经济实力+军事能力］×软实力。

这是一个有价值的参考框架，可以看出衡量一个国家的综合实力，包括硬实力和软实力两个方面的因素。软实力包括国家的文化吸引力、政治影响力、外交能力、国民的道德素质、教育水平、创新能力等。

语言文化外交是指通过语言和文化手段来促进国家之间的交流和合作，以实现外交目标的一种外交方式。因为"文化"是一个国家软实力的核心要素。"语言文化外交"的尝试在世界范围内是非常多的，德国的歌德学院、英国的文化委员会、法国的法语联盟等都是各自国家在全球范围内推广其文化、教育以及科学的代表性机构。它们通过语言教学、文化交流、科学研究等方式，促进了各国之间的相互了解，为世界的和平与发展做出了贡献。我国的孔子学院在文化外交的实践中，逐渐成为交流的海外文化桥梁，促进了中外文化的交流与理解，成为我国海外的"公共关系部门"，在中国国际影响力的推动和形象的提升维护方面发挥着极为重要、不可替代的作用。

任何教育目标的实现都是以教育者和受教育者存在共识为基础的。通过分析国际中文教育的目标层级理论，可知目标定义为五个层次，由最低层的"汉语能力获得"到最高层的"中外社会互动"，但并不是实现了其中的一层便能够自动实现上一层。要想获得相应知识文化的准确理解，需要学会"换位思考""将心比心"，深刻了解中国社会的发展及人们的生活方式等，才能达成"共识"、形成"理解"、获取"尊重"。

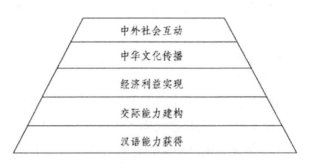

图 5　汉语国际教育的目标层级[1]

在"汉语国际教育的目标层级"中"汉语能力获得"只是一个前提性、

---

[1] 参见胡范铸等：《汉语国际教育的根本目标与核心理念——基于"情感地缘政治"和"国际理解教育"的重新分析》，载《华东师范大学学报（哲学社会科学版）》2014 年第 2 期。

基础性的条件，根本目标应该还是"中外社会互动"，是教育者和受教育者可以达成真正共识的汉语国际教育目标。中外社会互动这一教育目标的实现，离不开国际理解素养的提升，国际理解教育是提升国际理解素养的重要途径，也是国际中文教育的题中应有之义，是国际中文教育的隐性目标之一。国际中文的教育教学实践不仅仅局限于语言教学或文化传播，也是提升中国国际政治地位，扩大国际影响力的一种途径。国际中文教学本质上是一种基于语言教育的国际理解教育，是一个能够影响国际理解意识的过程，应该成为国际社会构建情感交流的重要力量。

国际理解素养可以带领学生进入一种不同文明之间相互尊重、彼此成就、共享和谐的语境，相应地，国际理解教育、世界公民教育、世界共存教育、全球教育等都强调充分理解其他国家与民族的基本文明精神及信仰习俗，探讨全人类共同价值观念，以善良、公正、友爱、宽容等优秀品质促进整个人类和睦共处，包括与地球自然生态之间的平衡共存。这样的高阶教育目标的实现也是国际中文教育不断努力的方向。

5.1.3. 国际理解教育要求教师具有高层次的国际理解素养

在国际中文教育中，受教育者的"汉语能力获得"是最直接的目标，也是最"显性"的目标，是当前多数国际中文教师日常工作的主要着力点，这是无可厚非的。但是国际中文教师容易忽视国际理解素养对这一目标的支撑作用，在教学过程中，教师往往对国际理解素养不够重视。另外，"交际能力建构""中华文化传播"等目标自然就蕴含了国际理解因子，但国际中文教育的根本目标之一是培养世界公民对于多元文化的尊重和包容，增进国际的相互理解和交流，促进中国社会与国际社会的"社会互动"，而这种互动是基于语言能力训练而展开的。国际中文教师应通过深入了解中外文化背景和语言习惯、培养学生的跨文化交流能力、发挥语言的文化传播功能以及关注学生的个性化需求和情感体验等方面，促进中外情感沟通与互动。这不仅是国际中文教育的目标，也是国际中文教育发展的重要趋势。

语言教育在当今全球化的时代扮演着至关重要的角色。它不仅是文化交流的桥梁，也是国际合作的纽带。通过语言的学习，人们能够更好地理解其他国家和民族的文化、历史和价值观，从而促进相互尊重和包容。这一事实也受到了联合国教科文组织的重视。

2021年11月，联合国教科文组织在其权威报告《共同重新构想我们的未来——一种新的教育社会契约》中提出的理念具有重要指导意义。教育作为全球公共利益的代表，应当被视为一种普遍、包容且公平的途径。教育既是知识的传递，又是一种人文精神的塑造，它承担着培养具备多元文化理解与和平共处意识公民的使命。随着中国在国际事务中参与度和贡献度越来越高，中文的国际影响力也不断增强，越来越多的人开始学习和使用中文，以便更好地了解中国、开展国际交流和合作。作为联合国的官方语言之一，中文被联合国世界旅游组织、世界卫生组织、国际民航组织等国际组织和机构列为官方语言之一。中文在国际文化交流中扮演着越来越重要的角色，国际中文教育成为国际交流的重要手段，国际中文教育的发展也将继续得到重视和推动。这将有助于促进中外之间的交流与合作，增进相互理解和友谊，在这样的时代背景下，国际中文教育理应肩负崇高的教育使命，为世界的和平与发展做出积极贡献。

国际理解教育是国际中文教育中不可或缺的一部分。作为国际中文教师，需要充分认识到国际理解教育的重要性，并将其融入教学中，以促进国际中文教育的全面发展和进步。国际理解教育价值的发挥关键在国际中文教师，他们不仅要传授语言知识，更要引领学生在全球视野下建立恰当的情感、认知和价值观。具备国际理解素养的教师能更好地引导学生理解世界多元文化，培养他们的跨文化交流能力，促进他们在国际环境中友好交流与共同成长。为提升国际理解素养，国际中文教师应该具备较强的国际理解教育能力，积极开展国际交流与合作，拓宽国际视野。

国际中文教育通过教授中文，促进了国家间、种族间和个体间的相互理解、尊重、团结协助和友好合作。作为承担国际理解教育任务的国际中文教师，主动进行国际沟通、促进国际理解是其内在责任。这不仅让世界更好地了解中国，也让中国更好地了解世界。国际中文教师不仅需要掌握语言知识，还需要具备跨文化交流的能力、全球视野和跨学科素养。他们需要理解不同文化之间的差异和共同点，以便更好地教授中文和促进国际理解。此外，国际中文教师还需要了解世界各地的教育体系和政策，以便在教授中文的同时，能够根据当地的情况进行适当的调整和改进。

作为国际中文教师，应该具备深厚的跨文化理解能力和专业素养。他们需要深刻理解国际文化、历史和社会背景，以便更好地教授中文、传播中华文化和处理日常外事。同时，他们也需要具备出色的沟通能力和语言表达能力，能够用流利的外语进行交流和教学。在执行国际理解政策时，教师应展现出稳重和严谨的特质，以维护中外文化交流的稳定发展。其中，国际理解教育能力对于国际中文教师来说非常重要。这种能力不仅涉及教师对国际理解理论和实践的深刻理解，还包括他们如何有效地将这些知识传递给学生，培养学生的国际理解素养。教师自身需要具备丰富的国际理解理论和实践经验，需要掌握有效的教学手段，利用多媒体教学资源、组织学生进行角色扮演或模拟国际会议等活动，让学生在真正有效的互动中学习。教师要对学生进行学习引导，鼓励学生开放心态、尊重差异，培养他们的批判性思维和跨文化交流能力，教师还需要引导学生关注全球问题，培养他们的社会责任感和参与解决全球问题的能力。

在全球化的时代，不同国家和地区之间的交流越来越频繁，语言作为交流的工具，其重要性不言而喻，那么各国相关的语言政策也是国际中文教师需要了解的内容。我们应当充分认识到语言教育在人文交流和国际理解方面的基础性和独特性作用，积极推广和实施多元化的语言教育政策和实践。传播学家唐·库什曼强调，现代沟通的核心是促进人们在理念分歧的情况下共同解决问题。在国际中文教育中，教师国际理解素养的培养至关重要，它通过情感推动、交际能力的构建和交际能力与情感的结合来促进语言学习。

国际中文教育是中国向全球提供的重要语言文化公共产品，是促进文化交流和世界文明互鉴的重要桥梁。国际中文教师的角色在国际中文教育中至关重要。他们不仅负责语言教学，还承担着文化传播和师生交流的责任。国际理解素养是实现国际中文教育在国际环境中"构建情感共同体"的基础。教师的国际理解素养决定了他们在国际中文教育中的表现，也影响着国际理解教育活动的开展。因此，对于国际中文教师来说，培养良好的国际理解素养是非常重要的。国际中文教师应该具备开放包容的国际意识，理解和尊重不同文化背景下的学生，以及他们的价值观和生活方式；需要坚定的世界情感，对于不同国家的文化传统和习俗有浓厚的兴趣和热情；应该具备多维的世界知识，他们需要了解不同国家的文化，积极参与国际交流与合作。

国际中文教育具有国际理解教育的功能。国际中文教育也是一种多元文化的教育方式。通过教授中文，不仅可以教授语言知识，还可以传授中华文化、历史和社会等方面的知识。在交流与分享的过程中，教师和学生都提高了国际理解素养，这不仅增进了师生之间的相互理解，还促进了中文的国际传播。交流与分享是推动国际中文教育发展的重要途径。通过加强师生之间的互动、培养学生的跨文化交流能力以及采取多种措施，通过共同认识中文教育的重要性，共同推动中文教育的国际化发展。

因此，教师在国际中文教育中扮演着至关重要的角色，教师专业素养和教学能力对于推动国际中文教育的发展和学生中文能力的提升都具有重要的影响。学生需要教师的教导来完成中文知识的学习和中文能力的提升，不同文化背景下的教学互动也需要教师作为主体来推动。在全球化的背景下，国际理解素养能够帮助教师更好地理解多元文化，提高跨文化沟通能力，从而更好地教授国际中文课程。通过提升教师的国际理解素养，可以促进国际中文教育的质量和影响力的提升，进一步推动全球范围内的中文教育发展。

承上所述，国际中文教师的国际理解素养对于教师自身专业发展与国际中文教育事业来说，至少存在微观和宏观两个维度上的重大意义。首先，从微观角度上看，国际中文教师的国际理解素养可以帮助他们在全球化视野下进行教学，尽可能地避免因为文化差异而带来的误解与冲突，保证中文教学的顺利进行与其他活动的顺利开展，帮助他们在兼顾吸收国外优质教育思想与坚守本土教育自主自信之间的平衡。其次，从宏观角度上看，国际中文教师的国际理解素养会潜移默化地影响学生国际素养的发展，国际理解素养在国际中文教学的课内课外全方位地引导着师生体验世界多元且卓越的文明给身心成长带来的裨益，引导着师生情感素养的提升，进而拓宽了师生的思想境界与生命境界。

具备国际理解实施能力对国际中文教师来说非常重要。在对国际理解深刻认识的基础上，国际中文教师需要用相关理论来指导自己的行动，开展国际理解教育，培养学生的国际理解素养，成为世界公民，进而为"构建人类命运共同体"做出应有的贡献。当然，国际中文教师在进行中文教学的过程中还要兼顾国际理解教育的实施，这不是一件容易的事。国际中文教师需要具备将国际理解理念融入中文教学设计、教学研究、教学创新等诸多方面的能力。随着全球范围内对于中文教育的需求不断增长，越来越多的国家开始将中文纳入国民教育体系，中国政府也在积极采取措施来满足这些需求。例如，派遣更多的中文教师、提供更多的中文教材、举办中文培训项目等。在开发国别化教材的过程中，不可避免地需要考虑国际理解因素，使教材在开发之初就能够依据国际理解的理念进行编写，进而助力国际中文教师依据国别化教材开展国际理解教育。因为国际中文教育不仅仅是教授中文和中华文化，同时也是一种国际理解教育。没有国际理解为底层基础，学生是不可能学好第二语言的，也是很难以正确的心态去了解别国文化的，所以开展国际理解教育与中文教育并不冲突，反而是互相促进的关系。具备组织、设计、教学、研究、创新国际理解教育的能力，是国际中文教师必备的素质和能力，也是他们能够更好地完成国际中文教育任务的重要保障。当然，如同其他任何类型和性质的教学一样，国际中文教师开展国际理解教育的过程也是一个教学相长的过程，在这个过程中，教师自身的国际理解自觉意识、国际理解实践能力也一定会得到强化和提升。

5.2. 促进中华文化更好地走向世界

2022 年 9 月，习近平总书记致信祝贺中国新闻社建社 70 周年时指出，应创新国际传播话语体系，加快融合发展，提高国际传播能力，为促进海内外中华儿女大团结，推动中外文明交流、民心相通作出新的更大贡献。[1]习近平总书记在党的二十大报告中再次强调，加强国际传播能力建设，全面提

---

〔1〕 参见《习近平致中国新闻社建社 70 周年的贺信》，载 http://www.gov.cn/xinwen/2022-09/23/content_ 5711375. htm. 最后访问日期：2022 年 10 月 17 日。

升国际传播效能，形成同我国综合国力和国际地位相匹配的国际话语权。深化文明交流互鉴，推动中华文化更好走向世界。[1]

中华文化走出去有利于消除部分国家对中国的误解。国家的国际形象是一个国家在国际社会中的声誉和形象，通常由该国的政治、经济、文化、社会等方面表现决定。一个国家的国际形象对其国际关系、国际合作和国际地位等方面都有重要影响。一个良好的国际形象可以为国家提高国际声望、增强国际影响力、促进国际贸易和投资等。同时，也可以为其在国际组织、国际会议和国际论坛等场合发挥更加积极的作用提供支持。语言文字在树立国家国际形象中扮演着至关重要的角色。国家的语言文字不仅是沟通的工具，更是文化传承和价值观的载体。在国际交往中，需要注重语言文字的使用规范和道德标准，以树立良好的国际形象。

中国特色社会主义现代化建设取得了巨大成就，在国际事务中发挥着重要的作用。然而，国家的国际形象并不是固定不变的，可能受到国际政治局势、经济形势、文化差异等各种因素的影响，因此，国家需要不断努力改善自身形象，以更好地适应国际社会的需求和期望。建构中国特色国际中文教育话语体系，有助于推动中国与世界各国的交流与合作，增进相互了解和友谊，促进世界和平与发展，传承和弘扬中华文化，服务"一带一路"倡议，提升国际影响力。

国际中文教育是中华文化国际传播体系的重要组成部分，也是我国中文国际传播的最重要的传播途径。[2]党的二十大报告提出，要增强中华文明传播力影响力。国际中文教育是"讲好中国故事，传播好中国声音"的重要渠道，在海外传播中华语言文化和文化互动。全面提升国际传播效能，形成同我国综合国力和国际地位相匹配的国际话语权。

国际中文教育主流话语体系及正向价值空间所面临的挑战正日益复杂且严峻。在后疫情时代，我们需要重新审视和调整教育策略，以确保教育

〔1〕 参见《高举中国特色社会主义伟大旗帜 为全面建设社会主义现代化国家而团结奋斗——习近平同志代表第十九届中央委员会向大会作的报告摘登》，载《人民日报》2022年10月17日，第2版。
〔2〕 参见吴应辉：《国际中文教育新动态、新领域与新方法》，载《河南大学学报（社会科学版）》2022年第2期。

的持续性和高质量发展。全球面临着诸多挑战，需要国际社会共同努力解决。这些问题不仅对个人产生影响，也给社会和国际关系带来挑战。在这个复杂多变的时代，我们需要更多理性、客观和全面的思考，避免被片面的信息或观点所误导。需要积极参与解决全球性问题，推动全球化朝着更加公正、合理和共赢的方向发展。我们也应该加强教育和宣传，提高公众的媒介素养和信息辨别能力，避免被不实信息或极端观点所影响。关注弱势群体的权益和福祉，推动社会公平和包容性发展。

第十四届全国人大教育科学文化卫生委员会副主任委员田学军强调，应该通过深化国际中文教育和语言文字交流合作，打造有国际影响力的中文传播平台，提升优秀中文期刊的国际影响，提高人类信息知识的中文表达能力，以构建国际中文教育传播的创新体系。这一体系的建立将有助于提升中文的国际地位和影响力，促进世界各地对中华文化的了解和认同，推动全球文化多样性和语言活力的可持续发展。

我国于 2004 年开始在海外国家和地区设立孔子学院，以推广中文和中华文化。截至目前，创办了 540 多所孔子学院和 1000 余个中小学孔子课堂。统一的宗旨、名称、标识、标准和评估监管措施，使其成为具有统一规范和标准的语言文化推广机构。此外，一系列国际中文教育社会公益组织等构成了国际中文教育的多元传播主体。当今世界的竞争是全方位的，除了经济和军事以外，教育、文化等方面的竞争也在逐渐升温，各国都在努力提升自己的综合实力和国际竞争力。

文明冲突论强调了文化在全球竞争格局中的重要作用。然而，个别国家对中文教育的国际传播持有一定偏见，确实对国际中文教育的发展和国家间正常的文化交流造成了阻碍。我们应该尊重不同文化和不同国家的人民，努力消除偏见和误解，以开放和包容的态度来对待国际中文教育事业。

国际中文教师是教授中文同时传播中华文化的主力军，而国际中文教师的国际理解素养是国际传播能力提升的基础，当前，应该着力提升国际中文教师的国际理解素养进而提升其国际传播能力，培养国家所需的高素质国际中文教育专业人才。国际中文教师需要具备国际理解素养，国际理解素养所包含的跨文化沟通能力、国情意识、国际视野等都是国际传播能力的必备基础，应该是国际中文教师所要努力提升的方向。

中华文化的国际传播是国际中文教育事业的任务之一，当前全球范围内的"汉语热"是国际中文事业的发展契机和也是向世界介绍中华文化的有利条件，加强中华文化的国际传播可以以孔子学院为龙头媒介，在全世界范围内传播中华文化，讲好中国故事，这一事业也具有推动世界多元化和谐发展的重要意义。

国际中文教育有利于深入把握"构建人类命运共同体"的科学思想体系。"人类命运共同体"把每个民族、每个国家的前途命运都紧紧联系在一起，风雨同舟、荣辱与共，把世界各国人民对美好生活的向往变成现实。"构建人类命运共同体"理念顺应时代潮流和各国人民的期待，为世界发展指明了前进方向。这一理念将有助于推动世界的和谐与可持续发展，促进不同肤色人民的相互理解与友谊，实现多元文化并存的世界格局。

加强国际中文教师的国际理解素养是国际中文教育从量的发展走向质的发展，促进国际中文教育高质量发展的重要保障，有助于增强国家文化软实力，提高中文的国际地位和影响力。

首先，国际中文教师要加强国际理解素养，以服务于"构建人类命运共同体"为价值引领。语言文字是文化传承和国家认同的重要载体，是连接人与人、人与物、人与世界的重要桥梁。语言文字也是人们表达思想、传递信息、交流感情的重要工具。语言承载并象征一种文化形象，促进民族团结和推动社会进步。我们应该尊重并保护各种语言文字的独特价值，促进语言文字的多样性和平等性。

语言的普及、认可和受喜爱程度确实能在一定程度上反映出一个国家的文化软实力和文明影响力。塞缪尔·亨廷顿强调了文化在形成和发展文明中的重要性。他指出，共同的宗教、历史、传统和语言将国家凝聚在一起，形成文化共同体。具有相似文化背景的国家或地区往往更容易形成合作关系，因为它们共享着许多基本的价值观和行为准则，并形成拥有共同目标的文明。

全球化是一个复杂的现象，它带来了许多积极的影响，如促进经济发展、文化交流和科技进步，但同时也带来了一些挑战，如文化冲突、不平等和环境问题。在全球化进程中，各种不同的文化开始更紧密地相互交融，这使得文化全球化成为一个不可避免的趋势。然而，伴随全球化浪潮，反全球化的呼声也开始涌现。

全球化的发展趋势正逐渐向"区块化"转变。由于地理位置、文化背景和历史传统的紧密联系，这些区块内的国家更倾向于加强合作，实现共同发展。这种"区块化"的趋势在欧盟、东盟、非盟和南美国家联盟等区域一体化组织中已经得到了验证。同时，语言作为文化和信息交流的工具，在"区块化"发展中起着至关重要的作用。随着全球化进程的加速，跨文化交流和合作变得愈发频繁和重要，而语言文字的互认和流通则能够为这些交流提供更加便利的条件。人类命运共同体理念强调国家之间的相互依存和共同发展，它提供了一种全新的思路来应对全球化的挑战和机遇。

国际中文教育旨在向全球推广和教授中文，以促进不同国家和地区之间的文化交流与理解。它不仅关注语言知识的传授，还注重培养学习者的跨文化交际能力。中文作为中华民族的母语，承载着悠久的历史和灿烂的文化。它不仅是沟通的工具，还是打开民族文化认同之门的钥匙。"教育"不仅是知识的传递，更是一种跨文化、跨区域的交流媒介。国际中文教育在全球范围内的推广不仅需要关注语言技能的培养，它还涉及跨文化传播和多元文化主义的问题。在全球化的背景下，不同文化群体之间的交流和互动越来越频繁，这使得文化认同和文化适应成为了一个重要的问题。

随着国际中文教育从线下向线上教学模式的转型，共建共享教学资源成为网络教育领域的趋势，使资源得到最大化的利用。它有助于促进各国文化的沟通理解，推动交流互鉴，为全球教育发展注入新的活力。共建共享教学资源，意味着教育资源的全球性流动和分享，有助于打破地域和文化的隔阂，让更多人享受到优质的教育资源。这不仅有助于提升中文教育的质量和普及度，也有助于推动全球教育的公平和进步。在国际政治经济"旧"秩序中，英语作为世界第一语言确实占据了重要地位。然而，随着全球化的深入发展以及中国在全球事务中的积极参与和贡献，加之中国一直致力于推动"构建人类命运共同体"，中文传播将扮演越来越重要的角色，发挥越来越重要的作用。

其次，值得关注的是，随着技术的发展，国际中文教育的教学形式也在不断演变。从最早的口口相传，到规范化的教学文本，再到现代化的多媒体教学方式，技术的进步为国际中文教育提供了更多的可能性。

随着科技的不断进步，国际中文教育在数字化转型方面取得了显著成果。数字化资源建设成果斐然，不仅涵盖了数字素材、电子教材、网络课程和应用软件等传统形式，还涌现出多种细分形态。例如，在线课程类型包括慕课、超星学习通、雨课堂等；应用软件则演化为 APP、插件、游戏等形式。此外，教学模式也呈现出多样化特点，如 PBL、BOPPPS 等新型教学模式，进一步丰富了教学资源，提高了学生的学习兴趣和参与度。数字化转型为全球范围内的中文学习者提供了更加优质、便捷的学习体验和机会。

2019 年 10 月 25 日正式上线的"全球中文学习平台"是一个广受欢迎的在线学习资源，为全球范围内的中文学习者提供了便利。在疫情的影响下，线上教育成为许多人的选择，全球中文学习平台也因此得到了广泛的用户基础。截至 2020 年 5 月 31 日，该平台已经拥有 64.7 万的用户。全球中文学习平台不仅提供了一个方便的学习环境，而且汇聚了各类中文学习资源，满足了不同层次、不同需求的用户。无论是初学者还是资深中文爱好者，都可以在这个平台上找到适合自己的学习内容。相较于传统的线下课堂，线上教育有着跨越地域、防范风险、高效稳定的优势。随着全球化的深入发展，中文学习者的数量不断增加。全球中文学习平台将继续发挥其优势，为全球中文学习者提供更加优质、便捷的服务。

随着全球化和数字化的不断深入，线上教育已经成为一种日益重要的教育形式。它打破了传统的教育模式，为学习者提供了更多的选择和机会。线上教育确实在很多方面都具有独特的优势。首先，它能够突破空间和时间的限制，使得教育资源更加广泛地分布。对于师资力量不足、教育资源分配不均等问题，线上教育提供了有效的解决方案。通过线上教育，更多的人可以获得高质量的教育，无论他们身在何处都可以便捷地获取学习资料。此外，线上教育也为国外中文学习者提供了新的学习途径。它不仅提供了线上的交流语境，答疑渠道，甚至是实习机会，还使得中文学习更加方便和灵活。学习者可以根据自己的时间安排和学习进度进行学习，体现了更多的自主性。

当然，线上国际中文教育也面临着一些挑战和问题，需要我们不断地探索和创新，如配套设施不完善、在地化程度不够、情境感不足等问题，但这些问题并非无法解决。通过不断的技术创新和应用创新，如通信技术、虚拟现实、人工智能等，可以有效地补充和完善线上教育的不足，提升学习体验和效果。这些技术有助于提高教学质量、学习效率，并克服了国际中文教育的一些挑战。智能语音识别技术帮助学生更准确地发音，自然语言处理技术帮助教师更准确地评估学生的语言水平，虚拟现实技术则提供了沉浸式的学习环境，使学生更深入地理解中国文化和社会。未来，随着技术的不断进步，教育技术在国际中文教育中的作用将更加重要。除此之外，利用人工智能进行自适应教育、智能辅导、学习分析、个性化推荐等方面的应用也具有很大的发展潜力。同时，利用云计算、大数据等技术，可以实现教育资源的共享和优化配置。无论是在偏远地区还是城市中心，只要有互联网连接，学生都可以获得高质量的国际中文教育资源，这有助于缩小地域间的教育差距，让更多的人有机会接受高质量的教育。

在未来，随着技术的不断发展，相信线上教育将在国际中文教育中发挥越来越重要的作用。它不仅将为学习者提供更加丰富和个性化的学习体验，还将进一步推动中文教育的全球普及和发展。

然而，我们也应该意识到，教育技术的应用并非万能。它不能替代教师的角色和作用，也不能完全解决教育中的所有问题。教师仍然需要发挥主导作用，根据学生的学习情况和需求，合理运用教育技术，以达到最佳的教学效果，推动国际中文教育的持续发展。

移动化、碎片化、智能化、个性化已经成为当下和未来国际中文教育的发展趋势。对于第二语言的学习来说，语言环境至关重要，学习者可以借助未来影像技术沉浸于文化情境中，深入理解和探索语言。这种方式有助于激发学习者的学习兴趣和主动性，提高语言学习效果。因此，未来影像技术在国际中文教育中将有广阔的应用前景，这些技术可以创造出身临其境的语言环境，让学习者在沉浸式体验中学习和掌握语言。例如，通过

VR 技术，学习者可以身临其境地体验中国传统文化和风俗，深入了解中文词汇和表达方式的背景和使用场景。AR、MR 技术也可以通过增强现实和混合现实的方式，为学习者提供更加丰富和立体的语言学习体验。

当下，国际中文教育的内容创新和形式创新都是必不可少的。具体而言，可以通过开发移动应用程序、微信公众号、小程序等方式，提供形式多样、内容丰富的学习资源，满足不同学习者的需求。此外，可以利用人工智能技术，实现智能推送、智能问答等功能，提高学习者的学习效率和体验。

最后，国际中文教师要关注中华文化传播路径创新，挖掘中华优秀文化的内生动力，探讨跨文化传播的创新方式，提升国际传播能力。

中华文化国际传播是建立在世界各国对中华文化的需求基础之上的，是中华文化走向世界的传播现象。提升中华文化的国际传播能力需要我们不断创新传播路径，融合内力和巧借外力，发挥各自特色和优势开展工作。融合内力意味着我们要整合各种资源，包括文化、教育、科技等领域的力量，可以利用现代科技手段来创新文化产品的表现形式，使其更具有吸引力和感染力。巧借外力意味着我们要善于借助外部力量来推动中华文化的传播，可以与国际知名媒体、网络平台等合作，共同制作和推广反映中华文化的节目和内容，也可以借助国际友好城市、海外华侨华人等力量，开展各种文化交流活动。

国际中文教师作为中华文化的重要传播者，肩负着推广和弘扬中华文化的重任。他们不仅教授语言知识，还传递着中华文化、历史和价值观。在这个过程中，国际中文教师的作用不可替代。要提高他们的专业素养和文化修养，让他们更好地承担起中华文化传播的重任。他们通过与不同国家和地区的教育机构合作，开展各种形式的交流与协作，促进了中华文化的传播。同时，加强与不同国家和地区在教育方面的交流与协作，以语言教育为切入口，多措并举促进中华文化多层次、立体化传播，借助国际传播平台开展中华文化对外宣传，建设中华文化国际传播的新格局。

讲述中国故事，展示中国形象，传播中华文化，促进文明交流，已经成为国际中文教师必备的素质和技能，那么如何在语言教学中将讲述中国故事与语言教学完美融合呢？在一词一句一篇的教学中，如何润物细无声地把中华文化的种子播撒到学习者的心田中呢？如何让学习者乐于倾听，乐于发现和分享中国故事、理解中华文化呢？如何把我们的课堂打造成外文化交流的故事会呢？这些问题的解决都离不开国际理解素养的支撑。传播中华文化是国际中文教师国际理解素养的高阶应用场景，有利于国际中文教师提升语言文化融合教学的意识，增强自身文化传播能力。

季羡林、蒋向艳等学者指出，要教给外国汉语学习者的应当是汉语本身，过多的文化教学可能会阻碍汉语言教学。国际中文教育传播新体系中，确定语言教育是国际中文教育的基础，语言是沟通的桥梁，通过有效的语言教学保证更好地进行沟通和交流。文化教育是国际中文教育的延伸，文化是一个民族、一个社会的灵魂，通过文化教育，可以帮助学习者深入了解中华文化的内涵和价值，增强对中华文化的认同感和归属感。在这个过程中，要注重中华优秀文化内生动力及跨文化传播创造性转化的意义，努力推动国际中文教育的传播和发展，为"构建人类命运共同体"贡献力量。同时，我们也应该积极应对挑战和问题，不断完善和优化国际中文教育传播新体系，使其更好地适应时代发展的需要。我们在深入挖掘中华优秀传统文化时，要把握文化传承是文化创新的基础，文化创新是文化传承的必然要求。在实践中，我们可以运用新技术、新手段来促进文化传承和创新。

中华优秀传统文化对于每一个中国人来说，都是一种根深蒂固、不可或缺的精神财富。它不仅是历史的见证，也是我们走向未来的文化基石。这份瑰宝源远流长，从古至今，不断得到传承和发展，滋养着一代又一代的华夏儿女。在漫长的发展历程中，中华民族历经磨难，但始终屹立不倒，其根本原因在于中华文化的强大凝聚力。无论是在国家层面还是个人层面，文化传统都为我们提供了思想理念和行事规范。在国家层面，儒家思想提倡的"仁爱""诚信"等理念，成为社会和谐稳定的重要基石；在个人层面，中华文化教导我们要尊老爱幼、崇尚礼仪、追求真理等。

中华优秀传统文化是中华民族的突出优势。国际中文教育需要充分利用中华优秀传统文化的元素来吸引更多的海外学习者。融入书法、武术、戏剧、歌舞等，可以让国际中文教育更具吸引力和影响力。这些传统文化元素不仅是中华文化的精髓，也是中华民族的精神财富。孔子学院的做法值得我们借鉴，他们将中华传统文化元素融入教学中，使教学活动更加生动有趣，吸引了更多的外国学习者学习中文。这种教学方式不仅可以让学习者更好地了解中华文化，也可以提高他们的学习兴趣和积极性。

挖掘中华优秀文化的内生动力是实现跨文化传播创造性转化的重要前提。跨文化传播是促进不同文化之间相互理解、交流和融合的重要途径，它有助于打破文化壁垒，消除认知隔阂，增进国际友好关系。在全球化语境下，跨文化传播的作用更加凸显，它不仅有助于推动世界文化的多样性发展，还能促进世界各国之间的交流与合作。在跨文化传播中，文化差异是造成认知隔阂的主要原因之一。文化差异在我们的生活中扮演着至关重要的角色，从微小的日常交流到重大的社会观念，它都深深地影响着我们的理解和行为。所以，需要尊重和理解不同文化之间的差异，才能消除偏见和误解。文化差异问题是一个复杂而微妙的现象，需要我们以辩证的眼光去看待。目前学界对文化差异的研究分布相当广泛，可以说触及了生活的方方面面，从种族间的交流到日常压力感知，都与文化差异紧密相关。文化差异研究帮助我们跨越障碍，建立更深层次的理解和尊重。

在全球化的大背景下，同质化与差异性的交织使得跨文化传播充满了挑战和机遇。面对文化差异问题，我们需要以更加开放和包容的心态去理解和接受。在语言学习的过程中，授课者和学习者应共同努力，提高对文化差异的敏感度和包容度，以实现更深层次的跨文化交流和理解。只有这样，我们才能在全球化的大潮中更好地传播本民族的文化，同时吸收和借鉴其他民族的优秀文化成果。忽视差异性和过度强调差异性都是不恰当的。在多元文化的碰撞与交融中，人们能够发现不同文化间的共同点，汲取彼此的精华，形成更加和谐、进步的文化价值观。

国际中文教师要坚持不忘本来、吸收外来、面向未来，在继承中转化，在学习中超越，在语言教育的过程中做到"中国故事国际表达"，以更易于接受的方式向世界介绍中国的价值观念和思想文化，采取国外受众乐于接受的方式、易于传播的话语，在日常交流、庆典仪式、展览赛事中润物无声地介绍中国价值观念，发挥国际中文教师的独特优势，将富有时代意蕴的中华文化推向国际舞台。

在国际中文教育教学实践中，应充分发挥国际中文教师的国际理解素养，加强对受众的了解，关注受众的个性特征和多元化需求。了解学生的文化背景、学习动机和中文基础水平对于国际中文教师来说是非常重要的。在备课过程中，教师应该充分考虑不同地区、不同语言背景的学生，针对他们的特点和需求进行有针对性的准备。通过了解学生的文化背景和语言习惯，教师可以更好地预测学生在学习中可能遇到的困难，并提前制定应对策略。另外，教师还应该关注学生的学习动机。了解学生为什么学习中文，可以帮助教师更好地激发学生的学习兴趣，提高他们的学习积极性。要营造接地气、有人文情怀的国际中文教育课堂氛围，教师需要注重与学生的互动、注重教学内容的实用性和人文性、注重现代技术手段的运用以及自身的专业素养和教学水平的提高。

国际中文教师的课堂话语是实施国际中文教育课堂教学的主要手段，也是介绍中华文化的途径之一。然而，目前一些国际中文教师的话语主体意识不强，对中华文化的推介比较随意，准备不够充分，吸引力不强。因此，国际中文教师需要运用生动、贴近学生生活经验的语言，以及与当代中国语言生活现实紧密相连的内容，来吸引学生的注意力。同时，教师还需要利用高效的话语载体，发挥主体能动性，运用"共情"等话语引发学生共鸣。教师可以使用生动的语言和真实的例子、结合学生的母语进行教学、关注学生的反馈和需求等，通过以上策略的运用，国际中文教师可以更好地进行话语引领和创新。因为，国际中文教学中的中华文化传播核心目标在于使全球范围内的受众能够真正地理解、认同并接纳中华文化。为了达到这一目标，教师需细心地洞察每一位学习者的个性特点和实际需求，进而调整和完善自己的教学方法和策略。在教学实践中，教师应当选择一种自然、亲切的话语方式，使学生能够更加轻松地融入中华文化的海洋中。教师需不断提升自身的国际理解素养，这不仅包括对中华文化的深入了解，更包括对不同文化背景、价值观和思维方式的尊重与包容，同时结合现代教育教学理念让中华文化不再只是简单的符号或刻板印象，而是变得生动、立体、丰富。

　　文化背景的差异可以影响人们对故事的理解和接受程度。中华文化所属的高语境文化强调的是非言语符号的交流，许多信息和意义是通过非言语符号来传达的，如肢体语言、面部表情、社会约定俗成的规则，等等。相比之下，西方文化所属的低语境文化则更依赖于言语符号的交流，更倾向于直接和明确的语言表达。国际中文教师肩负着向世界传播中国语言文化的重任，需要不断地提炼和总结那些具有中国特色的标志性概念和话语体系。这些概念和话语不仅要能够体现中华文化的独特魅力，还要易于被国际社会所理解和认同。同时，在进行国际中文教学时，也需要注意中华文化传播的方式和内容。贴近中国实际，可以让学生更好地理解中华的文化和历史背景；贴近国际关切，可以增强学生对中华文化的兴趣和认同感；贴近国外受众，可以确保学生能够更好地接受和吸收中华文化。为了实现这一目标，我们需要深入研究海外中文学习者的需求和特点，了解他们的文化背景和认知习惯，然后针对性地设计和开发符合他们需求的教学资源。

国际中文教师国际理解素养的提升路径

　　教育事业的可持续发展要求具备良好的教师专业素养，那么如何培养与提高其专业素养成为教师教育的一大重点，因此，教师专业素养的培育问题也同样成为国内外学者研究的热点。国外在提升教师专业素养方面采取了各项措施，对不同发展阶段的教师提出不同的培育模式。美国学者Frances Fuller 认为教师的职前培育阶段是教师专业素质发展的重要阶段，强调要关注教师的职前教育，但是美国也有学者提出教师的职后教育同样重要。经过一系列的举措后，美国教师职后教育发展迅速，逐步形成了在职培训，而教师资格证制度用于职后培训。

　　而后，有学者提出教师培训发展应是一个长期系统的过程，应要将职前教育、职后教育视作整体，将每个阶段合理有效地联系起来。Kelchtermans 认为环境对于教师成长有重要作用，可以通过教师个体和环境相互作用来提升教师专业素养。但 Grundy，S. & Robinson，J. 认为教师自身的主观能动性是教师专业素养提升的主要动力。国外对于教师专业素养提升培育多以政策进行引导，例如乌克兰、日本在其国家教育改革时期都是通过国家出台相应政策进行规范管理从而变得不断科学化、制度化，这一点值得我国借鉴。国内研究方面缺乏政策调控支持，学者们更多从教师自身和社会两方面提升途径进行阐述。

　　李晶等认为职前教师专业成长的问题要更加注重"教师培育"，基于此，其构建了以个体行动、心智机制以及情景需求为核心的职前教师素养供给维度。季平认为要从教师自主发展角度和学校整体推进角度两个方面来对教师专业素养进行提升。黄友初提出从政策导向、素养导向、反思导向三方面途径来优化教师专业素养，实现教师教育转型和改革。杨跃通过研究强调新时代教师要通过教育去培育和发展其"适应性专长"，而非"常规性专长"，用适应变化性的新情境中的知识和素养。张家辉则认为要通过"三个取向"三位一体来促进其专业素养发展，"三个取向"即理智、生态和反思三个取向。[1]

国际理解素养是跨越国界对人类社会共同价值和理想追求的自觉意识、国际视野和在全球环境生存、共处、发展的能力，是当代环境下必备的世界公民素养。国际中文教师作为国际中文教育事业的一线人员，是我国对外交流、进行国际中文教育、肩负国际教育使命的重要国际化人才。国际中文教师国际理解素养提升与培养是国际环境、时代使命、职业发展、现实需求综合背景下的必然。

将国际中文教师国际理解素养与国际中文教育职业有机契合，建立一支具有国际理解视野、多元文化包容境界、人类命运共同体情怀的教师队伍，对于国际中文教育事业的高质量发展具有重要意义。

国际中文教师既是中文教学者、中外交流的使者，也是本国公民和世界公民统一的实体；从事的国际中文教育本身内在地包含了国际理解素养，因而探索国际中文教师国际理解素养的培养路径就成为必然。

国际中文教师进行国际中文教育的基础任务是中文教学、中华文化传播等，最终要实现中外社会的积极、良性互动，与其他专业的教师相比，主要差异在于国际中文教师的教育对象为来自世界各国的、有着不同文化背景的中文学习者。于是，国际中文教育教学的过程毫无疑问需要建立在跨文化的和谐交流基础之上，其教学对象、活动过程、交际环境等都体现着鲜明的跨文化、国际化特色。

国际中文教师承担着中文教育与中华文化推广的重要工作，面临真切的中外跨文化互动环境，在教学过程中极易产生师生不同频道的信息差甚至情感障碍阻碍教育活动开展。在国际中文教学实践中，教师、学生、社会文化处在不同的价值体系中，但却要在一个既定的时间和空间内达成一

---

〔1〕 参见荆菁：《高校汉语国际教育专业教师课堂领导力研究》，上海外国语大学 2019 年博士学位论文。

个一致的目标，这就造就了文化冲突的必然性和现实性，这种矛盾冲突及现实问题亟须解决。

这要求教师不仅应具备深厚的教学知识和灵活的教学能力，还应有坚定的民族自信、文化自觉与国家视野。作为教育过程中的主导者，国际中文教师需要具备良好的国际理解素养，只有掌握丰富的国际知识，拥有包容的国际态度，具备有效的国际事务处理能力，认可来自不同地域的学生，尊重不同国家、民族、地区文化传统，具备与其平等交往、和睦相处的修养与技能等国际理解素养，才能顺利应对教学、推广、跨文化交际多重任务，助推国际中文教育事业的进一步发展。

同时，从第二语言教学的角度来看，文化交流、民族交际活动本身的有效完成也应建立在对学习者文化背景的深刻了解及理解之上。世界之大，地理生活环境的不同、历史文化的差异，造就了语言系统、风俗习惯及思维方式的多样性。教师开展中文作为第二语言的教学活动就必须自觉考量并学习教学对象的思维方式、文化背景、思维习惯，意识到差异带来的问题，通过语言教学、课堂组织、沟通交流、文化传播保证任务质量，满足教学基本需求，让活动能真正实现对外进行语言教学、文化传播、价值交换、民族交流的重要意义。作为第二语言教师，拥有丰富的知识、包容能力、跨文化交际能力，才能在国际中文教育中传播中华文化，坚持中华文化与世界文化有机融合，成为具有国际视野的和平使者，顺利完成中文国际化，国际优秀文化中国化的任务，做一个中国和世界共同认同的、具有较高国际理解素养的国际中文教师。因而，完成国际中文教育基础任务，良好的国际理解素养是教师专业必备要素与能力。

但是，国际中文教师国际理解素养的提升并非一朝一夕的事。国际理解素养在国际中文教学中至关重要，他们不仅影响着教学活动顺利开展，同时也关系着学生学习效果的好坏。国际中文教师要不断地根据实际的教学情况和生活状态调整教学策略，因此，应该具备一种应变的行为，在面对各种各样学生的时候要基于自身的国际理解素养，适当地使用一些有效的教学方法和教学策略，让学习者能够更有效快速地消除误解、解决问题、加强国际理解信念并且逐步获得广阔的国际视野。

6.1. 当前国际中文教师在国际理解素养方面存在的问题

学者们将国际中文教育的主要目标总结为语言习得、交际沟通、经济互惠、文化宣扬、中外互动五项。其中受教育者的"汉语能力获得"是最直接的目标，也是最显性的目标，是当前多数国际中文教师日常工作的着力点，这是无可厚非的。但是，这一目标的表述容易使教师过于关注语言本体的教学，而忽视国际理解素养对实现这一目标的支撑作用，具体到教育教学过程中即教师往往没有自觉地对国际理解素养给予足够的重视。

目前，国际中文教师的队伍成员比较复杂，其中有接受过正规国际中文专业教育的毕业生，有外语专业或中文专业毕业后转而从事国际中文教学工作的，也有很多人只是出于爱好中华文化或仅仅是以中文教学作为谋生手段的。我们发现，目前从事国际中文教学工作的教师或者志愿者中，有相当一部分在国际理解素养方面是有所欠缺的。

首先，一部分教师或者志愿者在外语能力上存在短板，不能较为顺畅地与学习者进行沟通，也就造成了他们对学习者的真实想法或者学习困难等情况了解不够充分。21 世纪以来，留学生的中文学习呈现出从非学历教育的短期语言培训，到涵盖本、硕、博不同阶段与层次的学历教育齐头并进同步发展的多样化学习需求。这一新的情况使得国际中文的教学需求明显增大，国内中文教师队伍人员不足，专业背景复杂，很多非专业教师仓促上阵。这就很难保证所有的国际中文教师都能保质保量地接受职前培训，很多教师外语能力不足，与学生之间的语言沟通存在障碍，容易出现在教学中无法及时有效进行沟通的问题。没有处理好这类跨文化交际问题，就很可能造成师生之间的误解、误读，甚至发展成跨文化冲突，严重影响教学效果，甚至导致教育教学工作的失败。

其次，一部分目前从事国际中文教学工作的教师或者志愿者在国际中文教学的实践中，只对跨文化交际的特点、功能及相关理论有所了解，但其实际的跨文化交际能力不强，缺乏应有的国际理解敏感度。有些国际中文教师面对交际过程中出现的误解时，不知道如何恰当地化解误会，达到互相理解：在学生对中华文化现象提出问题或质疑的时候，有的教师仅凭个人生活经验简单作答或者避而不答；还有些教师出于强烈的爱国情感而和学生发生冲突，使一些原本容易解开的误解严重化、扩大化，激化了矛盾。这些情况都反映出部分国际中文教师国际理解素养比较薄弱，也导致其教育教学工作受到阻碍，不能取得预期的教学效果。我们认为从事国际中文教学的国际中文教师，如果缺乏必要的国际理解素养，那么他很显然就不能成为合格的国际中文教师，也不能完全胜任相关工作。

最后，国际中文教师的职业成长不足。繁重的教学任务影响了高校国际中文教师在其他方面的积累和规划，导致部分教师身上出现了知识更新慢、跨文化能力不足等问题。在这样的情况下，很多教师在有限的课余时间内选择在教学技巧、汉语基本知识、第二语言教学技能等相对来说与实际教学关联更密切的方面进行学习与提升，而对国际理解素养这样比较隐性的专业技能的关注比较少。此外，一些教师对"人类命运共同体"理念对国际中文教育事业的价值与影响缺乏深入理解，学习意识不足，没有实现全方位的职业成长。

经过多年的教学实践，我们发现，那些容易得到留学生肯定和信任的教师，往往是具有较好的国际理解素养、跨文化交际能力很强的国际中文教师。这样的国际中文教师也往往具有高度的文化自信，他们所进行的文化教学能够做到润物细无声，同时具有很强的感染力、号召力和影响力。如果在教学实践中，教师只关注语言层面的讲授和操练，忽略国际理解层面更深层次的沟通和互动的话，是不可能和学生建立真正互相信任的、双向交流的和谐师生关系的，这样非常不利于教学活动的开展，当然，长远地看，也不利于国际中文教育事业的可持续发展。

同时，作为未来国际中文教育生力军的在校汉语国际教育专业本科生及国际中文教育专业研究生，也存在着培养不足导致其国际理解素养先天不足等问题，目前很多高校汉语国际教育专业和国际中文教育专业在进行人才培养时对国际理解素养的重要性认识不清，培养目标不明确，因此学生的国际理解素养没有得到有效的培养。因此，我们首先要弄清国际中文教师国际理解素养提升的目标，将国际理解素养的具体要求进行要素细分，将提升目标、提升措施清晰化、规范化，并助推其被纳入高校汉语国际教育专业和国际中文教育专业的人才培养方案，引起相关方面重视。只有明确提升目标，才能使国际理解素养的培养切实落地，不走过场、不流于形式，产生实效。

本章聚焦国际中文教育的国际理解素养培养研究，以期促进国际中文教师国际理解素养提升，巩固国际中文教师培养成果，进而充分发挥国际中文教师在全球背景下的桥梁作用，为国际中文教育事业奠定坚实的人才基础，实现积极有效的国际交流与民族交融，推动"构建人类命运共同体"。

6.2. 国际中文教师国际理解素养的培养建议

长期以来，研究者就国际中文教育事业的目标，对外汉语和汉语国际教育的学科独立性、学科性质、核心任务等具体问题进行了持续深入的探究，并且取得了多方面的共识。这些研究成果为国际中文教学提供了很好的学理支撑。但是，实践中教师的专业成长却受到了一定程度的忽视，尤其是国际中文教师的国际理解素养常常受到忽视。因为这一素养的隐性特征，往往使其不像汉语基础知识、第二语言教学技能等方面那样容易得到重视，导致很多教师在国际理解素养方面成长不足，影响教学效果。

国际中文教师只有把提高国际理解素养看成是自己的觉悟、责任、必须履行的政治行为和政治需要，从而勤学、慎思、审问、明辨、笃行，才符合中文教师、文化传播者、文化交流使者的角色定位；只有具备良好的国际理解素养，国际中文教师才能在国际中文教学、国际交往中应对和解决来自方方面面的事务。

6.2.1. 国际理解素养培养的理论基础

6.2.1.1. 终身学习理论

1965 年，法国成人教育学者、联合国教科文组织成人教育计划处处长保罗·朗格朗首次提出"终身教育"这一概念，并全面阐述了终身教育基本理论。他认为教育应该冲破学校体制的束缚，以占有（覆盖）既和工作有关又和闲暇有关的人类活动的全部。1972 年，联合国教科文组织发表《学会生存——教育世界的今天和明天》，使"终身教育理念"正式进入全球教育发展的议题之中。终身教育理论为提升教师专业素养、促进教师专业发展提供了重要的教育学理论基础。

当今社会科学技术的发展速度超过任何一个时代，随着当今社会科学技术的迅速发展，信息的传播媒介也呈现出越来越明显的多样化趋势，随之而来的是人们的生活方式也在发生改变。快速发展的外部世界使人们意识到受教育时长不应是一个有始有终的固定时间段，而应该是伴随着人们日常生活、融合于人的终身发展之中的。"教育"这一概念也不应该被狭隘化，专指学校教育，而应该是不限于特定的地点的人在一生中都应该存在的不断接受知识的过程，无论是教育时间上的长度，还是教育内容上的广度都应该贯穿于人一生全方位发展的过程。实际上"，终身教育"就是追求"成为完人"这一目标的过程。

"终身学习理论"由"终身教育理论"发展而来。终身教育注重知识的不断创新和更新，其核心思想体现在个体能够带有目的地抓住某一时机来持续更新自身原有的知识体系，以此与快速发展的信息社会保持一致。随着教育理念的革新，当代教育发展的核心从教师主体转变为学习者主体，人们越来越重视作为主体的学习者在整个过程中的核心地位。因此，"终身教育理论"逐步被"终身学习理论"取代。这一理论研究视角的转变给我们带来了巨大的启发，人们逐步意识到"终身学习"所体现的不断求知与探索精神是 21 世纪新人的通行证，每个社会成员为了满足个人和社会发展的需要而在一生中不断学习的过程才是真正意义上的"终身学习"。

"终身学习理念"不仅体现了如今社会对公民的要求，还突出体现了教师在教育改革中的成长方向。国际中文教师必须首先成为一名"终身学习者"，才能不断提升自己的学识，才能指导学生持续不断地学习新知识。这就要求教师必须保持对自身素养能力不断更新的积极性和主动性，包括更新专业知识结构、教学技能和能力以及网络技术操作能力等，还要从教育理念、教学观念上作出调整，跟随时代发展的脚步，时刻关注学科领域的新动态。

践行终身学习理念，可以激发教师思维的活跃性，提升教育教学创新意识，升级教育理念和教育方式。现代终身学习理论，关注人的全面发展，重视人的个性解放，强调培养自我教育、自我学习的能力。新时代，国际中文教师需要秉持"终身学习"理念，不断自我完善、自我革新、自我提高，只有这样才能跟上时代的步伐，为国际中文教育事业的发展贡献应有的力量。

6.2.1.2. 教师专业发展理论

教师专业发展是指教师在实践教学过程中，通过个体的不断努力，使自身的专业性得到不断提升，最终达到"专业成熟"状态。目前人们对"教师专业发展"内涵的认识并不完全相同，其术语表述也存在着一定的差别，有的学者将它称为"教师的专业发展"，有的学者将它称为"教师的职业发展"，还有的学者将它称为"教师的专业成长"，等等，不一而足。此外，从内涵上看，有的学者认为"专业发展"描述的是教师专业成长的过程，更强调动态变化的过程性，也有学者将"专业发展"作为教师通过个人不断努力而达到的一定的高度，认为这一概念是教师专业成长的结果，更强调教师入职之后应该达到的新的更高的职业水准。

但是，无论我们使用哪个术语，也不论我们支持以上两种观点中的哪一个，不可否认的是，他们都蕴含着一个基本的共同点：教师职业是一种专业化很高的职业，教师本身也应该是一种专业性人才，成为教师需要一定的准入门槛的，入职之后的教师也需要一定持续性的职业发展。也就是说，教师作为一个专业化程度很高的职业，除了在入职前需要具备一定任职的资质外，入职后还需要自身持续的努力。

教师专业化水平的提升需要经历过程，也就是从"新手"教师到"熟手"教师再到"专家型"教师的过程，整体是一个从不成熟到成熟的过程。当然，任何学科的教师都需要不断地学习、思考、研究和探索，最终才能够成为一名成熟的、专业化的教师。因此，教师专业化发展理论的主要内容包括以下两点：首先，教师个体的发展空间是无限的。对于刚入职的教师来说，虽然已经走上了教学岗位，但这只能说明他初步具有了任职资格，此时的教师可能距离合格的、成熟的、专家型的教师目标还有很远的距离，他们只是具有了成为专家型教师的机会和可能性，新入职的教师如果想成为专业成熟的从业人员还需要不断自我激励、不断开拓发展空间，把握学习机会，全面提升自己。其次，教师是一个具有多层次发展内涵的职业。教师的职业发展也不仅仅包括其所学学科知识的不断增加与更新，还应该包括教育教学理念的更新与迭代，也包括教学技能、技巧等方面的提升与强化。

从更高的层次上看，"专家型"教师应该能在教学的过程中不断加强自己的职业理想与信念，能够从更高的角度上理解教育教学工作的意义。落实在日常的工作中，他们应该能够做到以学生利益为一切工作的出发点和落脚点，勇于承担相应的职业岗位责任，为教学工作奉献热情与精力、能够把教育事业当作自己的精神追求。此外，这类"专家型"教师还应该具备良好的性格品质，包括终身学习的理念、灵活敏锐的思维以及积极向上、乐观豁达的生活态度，等等。

国际中文教师作为诸多教师类型中的一类，其专业发展的内涵和要求与其他学科的教师相比，既有相同点，又有一些不同点。国际中文教师专业发展的含义界定为教师个体对实践进行持续探究的不断发展的专业历程，包括国际中文教育信念的增强；汉语学科和相关学科知识与技能的更新、拓宽和深化；以及具有生产实践性知识和与国际中文教育界同仁合作的能力，并最终成长为一名学习型、反思型和研究型的教师。国际中文教师的发展模式就是成为"反思性实践者"，强调教师要发挥主观能动性积极地进行自我提升。从这一定义中可以提取三个关键点：对实践的不断探究、知识与技能的深化和合作能力的发展。

《国际汉语教师标准》（2012 年版）将教师"职业道德与专业发展"概括为具备良好的心理素质，具有合作精神，具备教育研究能力和专业发展意识。通过对比可以发现，"合作能力""教研能力""反思能力"是国际中文教师专业发展过程中的关键。

《国际中文教师专业能力标准》（T/ISCLT 001-2022）也明确地将"专业发展"纳入国际中文教师专业能力指标体系当中。"专业发展"为一级指标，又下设两个二级指标，分别是"教学反思"和"专业发展规划"，具体描述内容如下：

教学反思：

1. 具备反思意识，将反思贯穿于国际中文教育与专业发展全过程；

2. 通过分析学习者学习成效、同行观摩交流、撰写反思日志等途径，进行反思与自我评估；

3. 能够将反思结果运用于实践，改进教学。

专业发展规划：

1. 具有自我发展意识和终身学习理念，能够制定不同阶段的专业发展目标；

2. 参加与专业发展相关的专业培训、专题讲座、学术会议等活动，加深对国际中文教育的理解，提高教育教学能力；

3. 掌握教育教学研究基本方法，具备基本的教育行动研究能力，促进自身专业持续发展。

以上的这些纲领性文件都明确指出了国际中文教师专业发展的必要性，需要我们注意的是，教师专业发展也是分阶段的，不是一蹴而就的。教师专业发展是教师基于自身发展阶段不断提升与改进其专业能力，以顺应教师发展的一种持续性过程。我们需要做的是帮助教师根据个体经验制定适合自身发展的长期及短期规划，为提升教师专业素养提供相应的理论指导与政策支持，创造有利于教师专业发展的教育环境，通过多方面的共同努力使教师专业发展合理、高效。

6.2.2. 国际中文教师国际理解素养的培养与提升路径

虽然我国国际中文教师已逐步实现了由"中文教师"向"专业化国际中文教师"的转变，且经过几十年的实践探索，国际中文教师专业发展确立了国家标准，丰富了其知识结构和能力的内涵，但随着留学生国际化规模的扩大，尤其是"构建人类命运共同体"发展模式下，高校国际中文教师素养的提升面临新形势、新任务。国际中文教育的性质与特点，使得如何强化高校国际中文教师的国际理解素养成为更加引人瞩目的课题。

本章将在对前期相关研究成果进行学习和把握的基础上，从在职国际中文教师和汉语国际教育专业、国际中文教育专业学生两个群体分门别类地进行研究，以期弥补当前研究空白，提出有针对性的国际理解素养提升建议，拓展和丰富国际中文教师国际理解素养培养的思考。

6.2.2.1. 在职教师的国际理解素养提升路径

随着我国现代化建设的持续推进以及中国在世界上影响力的日益提升，中文的国际传播事业也必将逐渐迎来繁荣发展的新时期。为此，我们要不断加大对国际中文教师的培育力度，在不断完善国际中文教育人才培育体系的基础上，实现国际中文教师实践性知识的不断拓展与提高，使我们的国际中文教师能够以较高的专业化职业水准成为专家型国际中文教育人才。为此，各地高校在构建汉语国际教育专业和国际中文教育专业课程体系的过程中，要在原来的基础上适当增加教育实践类课程所占比例。通过开展对外中文课程教学试讲、听课、研讨等多种实践形式，为学生中文教学实践性知识的积累与形成，提供更多的机会与环境。同时在汉语国际教育专业和国际中文教育专业学生的实践、实习环节，学校方面更应当本着为社会培育人才的核心目标要求，提前与实习院校、部门进行沟通，争取能够让学生在中文教学专业实力、业务能力过硬的专家型国际中文教师的带领下，开展国际中文教学实践、实训。在专家型国际中文教师榜样的带领、经验启示作用下，促进学生中文教学实践性知识的快速积累、提升。

此外，对于那些并非"科班"出身，但立志投身于对外中文教育事业的人员，各地教育部门应当将其纳入公益培训名单当中，利用各地教育部门在对国际中文教学方面的优势、资源、经验，为这些人员提供包括基础教育能力、教育方法、教育理念、班级管理等在内的公益培训，并针对这些人员国际中文教学工作所在国家、地区或是所面对群体的特殊性，在培训内容上予以灵活调整。这样可以使更多的教师能够在培训的助力下，获得高超的实践性知识，尽快成长为一名合格的专家型国际中文教师。

搭建教师成长平台是国际中文教师实现专业成长的环境基础。国际中文教师实践性知识的获取是在逐渐积累和完善中形成的，需要教师通过各种实践活动来获得，从而在启发中发现、在反思中升华，以此内化为教师自身具备的实践性知识和能力。为此，我们要努力搭建教师成长平台。通过对社会当中各种中文教育资源的集中整合，搭建起一个能够供多人同时进行且形式灵活多样的教师互动交流平台，使国际中文教师能够在开眼界的同时，相互切磋、共同成长，在实践和交流中实现自身实践性知识的不断增长。而目前这一点也获得了各地教育界人士的认可，各种形式的国际中文教师教学研讨活动正在如火如荼地举行。

要尽可能地让教师有机会接受进修与培训，因此，要因材施教，有针对性地安排培训课程。比如针对不同的教师群体开设不同的培训课程。同时，还要重视培训成果的整合和转化，可以通过编辑论文集、利用网络平台开展网络论坛、网上培训课程共享等方式，在总结国际中文专业发展的优秀成果的同时，为更多的教师提供交流和学习机会。在国内，世界汉语教学学会就是一个汇集中文教师的很好的组织。国内高校和汉语研究机构联合举办的常规化的各类汉语教学研讨会也是国际中文教师互相交流的很好的平台。在海外，孔子学院和孔子课堂应当为本土国际中文教师区域平台的构建发挥主导作用。

例如，2021 年 12 月，世界汉语教学学会第十四届国际中文教学研讨会，主题为"新时代国际中文教育高质量发展"。组织国内外社会各界的国际中文教育界人士，共同开展了国际中文教学研讨活动。在分享经验成果、总结教训的同时，研讨会还依据研讨方向、内容的不同，划分出了语言理论与语言教育研究分会、国际中文教育+中医药专业委员会、教师发展委员会、国际中文教育学术交流与出版专业委员会等多个研究分支机构。这一举措为推动国际中文教育事业的快速发展、为国际中文教师的标准化发展做出了突出贡献，为国际中文教师的成长搭建起一个多元化的平台。此举措可以在全国范围内继续推广实施，以此来为更多国际中文教师的成长提供更多的机会与帮扶。

此外还要引导国际中文教师进行适当的自我反思。教学反思属于教师实践性知识的一个重要特征。国际中文教师在向着专家型教师迈进的过程中，离不开教师对自身教学过程的不断反思。尤其不同于其他专业的教学工作，国际中文教学有其特殊性，在教学中教师所面对的学生群体往往在生活背景、成长经历、文化背景、中文水平、学习动机、心理状态、认知水平等方面有着巨大差异，而中文教育体系的庞杂性，无疑又在很大程度上增加了国际中文的教育难度。在教学实践中，教师经常会面临各种挑战、阻碍。为此，可以经常邀请专家型国际中文教师进行教学报告，让国际中文教师在聆听报告、观摩教学中，获得启发，进行反思。还可以要求国际中文教师定期针对自身的教学工作，撰写相关教学日记、录制教学现场视频，以此来实现教学反思。

由于国际中文教师的国际理解素养的多维度性，在形成和发展过程中受外界环境和内在需求影响，因此，教师专业素养的提升有"外促"和"内生"两条路径。国际中文教师国际理解素养的提升需要教师有很强的内生动力，端正对国际理解素养的认知态度，这样每位教师才能根据他的个体需要去进行自我选择、自主控制、自觉行动。

第一，要明确在职国际中文教师不断自我发展的精神动力源泉应该是我国优秀传统文化。在职国际中文教师要挖掘中华文化的内生动力，在我国优秀传统文化中汲取营养是提升其国际理解素养最根本的方式。

我国素来有"国际理解"的传统，在历史上称为"天下主义"，这是一种普世的、人类主义的文明秩序。我国儒家倡导的"天下观"其实就蕴含于今天所说的国际理解素养相关内容。我国古代的"天下观"是一套以儒家文化为核心的、庞大复杂的思想体系，包含了政治、哲学、地理、宗教等观念。这里的"天下"的一词不仅指地理上的概念，还涉及价值观方面的重要内容。"天下"代表了一套理想的伦理秩序，体现了自然、社会和人类至真、至善、至美之道的价值，在人间秩序上是一套文明的价值以及相应的典章制度。具体说，也就是儒家的"天下观"与政治结合形成了一套具有治国性质的体系，深刻地影响了我国社会的发展走向；《礼记·礼运》中描述了老有所终，壮有所用，幼有所长，矜、寡、孤、独、废疾者皆有所养，男有分，女有归"天下为公"的大同景象，反映了我国古人对人类最终可达到的理想世界的预期与憧憬，是人类对未来社会的美好愿景，即人人和睦相处，丰衣足食安居乐业，没有战争与冲突的社会生活。儒家倡导的中国人所追求的"天下为公、天下大同"的理想一直没有变化，这样的价值理念与秩序一直持续了两千多年。

发展至今，在当今的全球化的国际语境下，"天下主义"在强调普遍性的价值基础上，出现了一些新的特征，如去中心、去等级化等，这些变化使我国传统的"天下主义"发展成为"新天下主义"。当然其中蕴含的"天下大同"的传统是没有变化的。这种传统也鲜明地体现在我国教育界给出的国际理解素养的概念中——具有全球意识和开放的心态，了解人类文明进程和世界发展动态；能尊重世界多元文化的多样性和差异性，积极参与跨文化交流；关注人类面临的全球性挑战，理解"人类命运共同体"的内涵与价值等。[1]其他国家的学者也意识到了这一点，例如曼西利亚调查了中国教师对国际理解素养的认知后，将中国情境下的素养定义为培养自我、人的能力和性格的终身过程，以理解具有全球和文化意义的问题，并为集体福祉和可持续发展采取行动。[2]

第二，我国传统的"文化观"中儒家倡导的"和而不同"思想体现了我国文化视角下的国际理解素养。"和而不同"出自《论语·子路》："君子和而不同，小人同而不和。""和而不同"倡导的是人与人、国与国之间的和睦相处，但不追求相同。体现在文化层面，则是尊重多样性，各文化间包容借鉴，兼收并蓄，反对文明优越论与文明中心论。"和而不同"最终所要达到的境界也是费孝通所说的各美其美，美人之美，美美与共，天下大同。这样的观点与当今的国际理解素养的基本理念不谋而合，应该是国际中文教师所不断追求的理想境界。

第三，我国传统的"交往观"蕴含着对国际理解素养的理解。中华文化一直有重视人与人之间关系的传统。我国传统文化中的交往观以人们的互相理解为基础，沿着"互相理解"所指引的方向，发展成以"仁"为核心的道德感，赞扬人们的同理心，从爱自己与家人的基本立足点出发，把"爱"的对象推及全人类与全世界，实现爱自己、爱家人、爱世界的美好愿景，实现"仁者爱人"的理想境界。在"仁者爱人"理念的指导下，我国传统的交往观提倡"己所不欲，勿施于人"的态度，提倡"以和为贵"的

---

〔1〕 参见核心素养研究课题组：《中国学生发展核心素养》，载《中国教育学刊》2016年第10期。

〔2〕 See Mansilla V B, Wilson D., "What is Global Competence, and What Might it Look Like in Chinese Schools?", *Journal of Research in International Education*, Vol. 1, No. 19, 2020, pp. 3-22.

和平观，"四海之内，皆兄弟也"的和谐人际关系是人们的终极追求。事实上，这些内容正是当今世界国际理解的题中应有之义，是更加关注精神追求的解读角度。在当今全球化的语境下，"人类命运共同体"的理念的提出倡导了一种新的国际秩序——以全人类的共同利益为目标，中国正在为这个快速变化的、复杂的国际秩序提供智慧，使得原本就具有复杂的多重视角的国际理解素养增添了新的话语，丰富了它的内涵。

由此可知，我国优秀传统文化中早已经对"国际理解"形成了深刻的认识，这些认识与共识应该是国际中文教师提升国际理解素养的认知基础，对我国优秀传统文化的不断学习也会指导国际中文教师加强国际理解素养实践。

以我国优秀传统文化为认知基础，提升国际中文教师的国际理解素养可以从以下几个方面入手：

第一，以高度的文化自信为指引，充分、深刻认识本族文化。

全球化的浪潮给国际中文教育事业带来了前所未有的挑战。例如，很多初到国外的国际中文教师不可避免地会遇到"文化冲击"现象所带来的问题，而克服"文化冲击"需要了解和体会不同的文化，从而培养了自身对文化差异的包容性，但其实这些都需要以对自身文化的高度自信作为基础。当人们克服了"文化冲击"或者"文化休克"，从这一类现象和低谷中走出时，会变得更加开放、宽容、积极、乐观、他们会更乐于接受新事物，眼界也会愈加开阔，其处理跨文化交际问题的技巧也会日臻成熟。

第二，树立正确的多元文化观。

全球化的进程给国际中文教育事业带来了新的机遇与新的挑战。其中的挑战具有多重性。第一重挑战就是跨文化沟通中的误解、理解障碍以及因此而带来的文化休克现象，它严重阻碍着国际中文教师适应海外生活环境的进程，也必然严重影响教学活动的顺利开展；第二重挑战则更为严峻。在全球化的语境下，如果不能充分认识自我与他者，国际中文教师就极容易陷入"文化自卑"、"文化自大"、"文化自负"或者"文化虚无"等错误旋涡，而这样的情况将会带来方向性的严重错误，是国际中文教师必须高度重视的问题。

为了应对这种文化全球化带来的挑战，开放、宽容与移情能力是应对挑战的基本原则。因此，人们所需要建立的很多意识，如"文化自觉"、"文化包容"，以及自身的"文化认同"，等等，这些的建立都离不开正确的文化观，没有正确的文化观就没有对自我及他者的客观认识。国际中文教师以此为契机可以更好地认知自我与他者，更好地宣传中华文化，促进中外的政治、经济及文化交流与合作，做好中外沟通的使者。也就是说，国际中文教师需要克服视野局限和信息偏颇，广泛、开放地接受多元文化，既要学会承认、接受、悦纳异文化，消除文化偏见，欣赏文化差异，同时也要学会批判性地反思本文化，培养积极的交际动机。国际中文教育只有具有正确的文化观，以普遍性价值和人文关怀作为其工作的出发点，才能赢得世界各国各地区中文学习者的尊重和信任，也才能更好地发展国际中文教育事业。

其中尤其需要我们注意的是，尊重文化多样性和开放与包容的心态是国际理解素养提升与发展的基础。只有以尊重文化多样性和开放与包容的心态为出发点，才能走向正确的方向。在多元文化并存，甚至融合的今天，世界文化的多样性正面临着前所未有的同质化的威胁，一个具有跨文化能力的人还是应该做到尊重文化多样性，真正体悟文化之间的相同与不同，同时也要有开放与包容的心态作为内在提升的动力。

第三，以语言学习为媒介，帮助国际中文教师更加深入地了解世界文化，进而提升其国际理解素养。

世界文化丰富多样，不同文化孕育了不同的语言，因此语言的运用无法脱离文化。语言、文化和思维三者之间的关系是你中有我、我中有你的，也正因为这三者密不可分的关联，我们认为，通过外语核心素养的培养提升国际中文教师的国际理解素养具有很大的可行性与有效性。

国际中文教师应该在海外教学、生活的过程中应该尽可能地给自己创造一些真实的跨文化交际机会，积极主动地接近、了解外国人的日常生活，在这个过程中不但可以消除自身由于对国外文化不了解而产生的焦虑情绪，还可以利用适当的机会让中华文化和中文也在日常生活中影响着他们，形成基于国际理解的良性互动。

这样做不但可以消除一部分外国人对我国文化与人民的刻板印象，还可以进一步实现中华文化的隐性传播。正像教学领域我们所说的"教学相长"一样，同样的道理，在国际中文教师积极主动地接近、尝试了解外国人的日常生活，尝试介绍中华文化的过程中，他们的国际理解素养一定会有所提高，而逐步提高的国际理解素养又会使国际中文教师在海外各种跨文化交际中表现得更加自如和恰当。

第四，国际中文教师应该积极融入当地社区生活，拓展自己的国际理解实践。

《国际汉语教师标准》（2012年版）规定，教师应积极主动参与专业或社区活动，以丰富自己的教学档案。而且还具体规定了一些基本概念的范畴和能力指标。学校与社区的关系是国际中文教学发展中的一个重要议题，也是国际中文教师融入当地社会、顺利开展国际中文教学的一个突破口。社区是许多国家教育事业的重要参与者。从这层意义上来讲，每位国际中文教师都应该是一个公共关系专家。利用中文知识和中华文化积极为社区服务，发展良好的学校与社区关系，尽可能开拓有利于国际中文教学的宽松社区环境，是每一位教师都应具备的基本素质之一。那么，该如何进行呢？

第一步，国际中文教师要熟悉任教学校及其所属的学区教育系统，为之后参与社区活动做好准备。

在全球各地任教的国际中文教师，有的来自本国，甚至本地区，有的来自汉语的故乡——中国。要想参与社区、服务社区，首先应该熟悉了解并掌握任教学校及其所属的学区教育系统，时刻关注它们的变化，掌握最新的政策、计划等信息。同样地，学校甚至学区教育管理机构也应提供这方面的信息或者告诉教师怎样获得这些信息。因为教师是相当一部分社区民众熟悉了解学校乃至学区教育信息的重要渠道，如果教师不能直接提供让民众满意的信息，那么这部分社区民众对教师就会"颇有微词"，学校形象也会由此受到损害。在这一点上，国际中文教师也不例外。国际中文教师需要熟悉的任教学校及其所属学区教育系统的信息涉及方方面面，尤其应了解学区教育董事会、学校的目标和组织结构形式、校规校纪、学校的传统节日和重大活动、校园文化、学校行政管理人员、教师工会，等等。

第二步，国际中文教师需要了解自己所在社区的基本情况，积极通过社区活动推广中文教学，并借此机会在这个过程中不断提高自身的国际理解素养。

"社区"这个词是由德国社会学家斐迪南·滕尼斯提出来的，翻译到美国，对应单词为 Community，社会学者把它理解为人类社会群集之间形成的一种共生关系。当然不同的社会学者对此也有不同的解释，其中得到学者普遍认同的解释为：社区是介于邻里和区域之间的社会实体，是社会学的一个研究单位。具体来说，社区是指许多个人、家庭、团体以及习俗、制度组合在同一个地区之内，并在这个共同组合形式中形成种种联系。可以说，社区是聚居在一定地域内的人们所组成的社会共同体，是社会重要的基本单元，是浓缩的社会，是社会功能的载体。为了有效沟通，发挥社区对中文教学的促进作用，中文教师必须对其进行一定程度的了解。如果面对的是一个多元化程度较高的社区，教师更应该对其基本情况有所了解，可以主要从社区风俗传统、社区成员、社区领袖、社区组织、社区设施、社区活动等方面依次进行阐释：

（一）社区风俗传统

各个不同社会群体生活方式不同，源于种族、宗教、国籍、经济、政治和社会阶级结构的不同，因此，对于多民族国家或者移民比例较大的国家来说，不同民族、不同种族、不同地理位置社区的人们在生活方式、价值观、信仰和习惯等各个方面上都会有相当大的差异。即便是在同一个社区，其居民也可能有很多个群体。比如某国的某一个群体可能大多数是意大利背景，另一个群体大多数是波兰背景，而第三个群体则有可能是不同少数民族的复合体。

各个社区及其内部群体的风俗和传统对国际中文教师非常重要，它是指导教师与学生、家长及社区民众建立良好关系的准则之一。首先国际中文教学内容和教学行为一定要符合学生、家长以及社区民众的信仰和习惯，否则将会激起他们的强烈反对。比如在某些国家，教材中不能有与喝酒、游泳有关的内容。此外，国际中文教师准备把一些新的内容引进课堂时，有时会因为触及社区的宗教信仰和习惯而引发学生及其家长的强烈反应。比如，某位教师出于对学生学好中文的责任感，课后留下学生做练习，这本是好事，然而这一天恰好是学生接受宗教或者民族风俗教育的日子，家长与社区的反应同样非常强烈。要想避免类似的问题，国际中文教师应对学校所在社区风俗和传统方面的情况进行了解。

（二）社区成员

社区成员是社区的主人，影响着社区对国际中文教学的态度。比如，教育程度较高的社区成员更能基于中国的日益强大而深切理解学习中文的意义，从而更容易引起他们对中文和中华文化的注意和兴趣；如果社区成员以中青年为主，这个社区会更有活力一些，对新鲜事物更能持一种开放性的态度，更能接纳对他们来说几乎全新的中国语言文化，同时中青年为主的社区潜在的受教育人员数量更多，对教育教学的事情会更关注；薪金水平较高、经济条件较好的家庭会更愿意多学习一门语言技能、多了解一种文化等。民族、教派和国籍不仅属于选择教学内容和进行文化比较时必须注意的敏感项目，对于了解分析社区紧张局势和矛盾的潜在原因也具有非常重要的意义。此外，对这些特征的了解，有利于国际中文教师选择或编写词汇和语言风格符合社区阅读水平的中文出版物，还可以选择更好的沟通方式及时把有关国际中文教学的信息传递给社区民众。

在做好自己本职工作的同时，国际中文教师也应该加强与家长的合作，积极参与社区事务，树立自己的形象。加强与学生家长合作，国际中文教师不仅能更全面地了解学生，以在此基础上更好地从事教学，而且能直接与家长面对面地进行沟通，让家长了解自己，认同自己的工作，进而获得支持。加强与学生家长合作有很多种途径和方式，比如教师家长协会、家长见面会，等等。

（三）"社区领袖"

每个社区都有一些人，不论男女，一旦有朋友和邻居遇到有关学校与学生及家长关系的问题时，就会向他们请教。他们的意见和判断对其他人观点的形成起着重要作用。发现这些人并请他们参与学校活动是很关键的。如果他们能成为沟通的媒介，可以使学校在社区中产生较好的影响。其实，不仅是教育问题，有关社区各个方面的问题的舆论都由这些人来主导，这样的人就是"社区领袖"。简单地说，社区领袖是受到社区居民普遍认同和尊重的人，其观点和态度能影响社区大部分人的观点和态度。

"社区领袖"同时还是一个信息的核心沟通者。国际中文教师应该与他们形成一种可靠的亲密关系，和他们接触交流有助于赢得并维持社区民众对国际中文教学的肯定态度。同时，他们也能帮助教师度过危机。比如有些团体因为缺乏了解而对中国人、中华文化带有偏见，这自然会影响他们对国际中文教学的态度。如果国际中文教师与"社区领袖"有一种可靠的亲密关系，他们会发挥核心沟通者的作用，澄清事实，影响民众，把谣言消除在萌芽状态。与"社区领袖"的可靠关系需要教师积极主动地作为，可以先通过调查确定"社区领袖"，然后经常性地邀请他们共进午餐或参加聚会，随意地聊聊中文或者中华文化。这能使教师有效得知社区里的信息，使社区对国际中文教学的看法很快反映到学校，同时，"社区领袖"也可以利用自己对国际中文教学的了解去影响别人的态度。这些举措都有助于为国际中文教学创造一个宽松的环境。

(四) 社区组织

作为浓缩社会的形式，社区是由许多社团组成的，这些社团都属于社区组织。尽管一般的社团组织并非教育性组织，但许多社团确实能直接或间接地参与到教学中来，它们分布于各个领域：公民社团（比如妇女联合会、国际青年商会）、文化社团、经济社团、友爱社团、爱国组织、专业社团（比如法学、医学领域的组织）、宗教社团、退休者社团、福利社团、青年社团，等等。在这些名目繁多的社团之中，有些社团组织对包括教育教学在内的事务有很大的影响。有些团体能够和利益相似的组织通力合作，而有些团体之间合作起来却很困难。有些是真心支持教育，有些却存有私心，把对待不同于自己价值观的态度表现在看待国际中文教学上。他们甚至会使学校接受自己的价值观并修改原来的教学内容和计划，还试图改变学校的课程设置，审查教科书和参考书。

国际中文教师应该对这些情况了然于胸。一方面我们要与一些社团组织通力合作，在服务社团组织和社区的同时扩大中文的影响，促进国际中文教学的进步；另一方面我们也应该对怀有私心的社团组织保持警惕，采取恰当的方式进行沟通，避免他们依据自己的价值观对国际中文教学进行干涉。

（五）社区活动

社区活动主要是指社区在重大节日的一些仪式性活动（如圣诞节、复活节、感恩节等）、某些民族的宗教活动、日常的文艺表演活动以及针对突发性事件的公益活动（如赈灾等）。

这些社区活动都是社区日常生活的一部分。国际中文教师应该采用各种方式积极参与到这些活动之中，利用掌握的中文知识进行服务。比如，我们可以利用这些社区活动展示中华才艺，如唱京剧、打太极拳、表演武术等，或者跟学生一起排练舞龙舞狮等团体节目。这些节目形式都有利于社区成员对教师及其所教的中文产生认同感。

此外，国际中文教师还可以在与学生家长和社区民众的接触中自然大方地展示自己以及所教科目。这样可以避免社区民众偏听偏信社会上的一些不实舆论，改变他们对待国际中文教学的态度。国际中文教师可以就国际中文教学这一科目组织参与家长交流会，让家长了解国际中文教学的各种信息，比如国际中文教学目的、教学内容、教学手段方式、教学效果，等等。同时，可以动员家长与学生一起学习中文，让家长在家中跟学生一起学习等，这些措施都会促进国际中文教学的发展。同时，还可以组织一系列有计划、连续性的活动，以了解社区民众对学校的看法和对儿童教育的独到见解。学校定期举行开放日，欢迎社区民众和学生家长来校参观和参与座谈，听取家长在国际中文教学这一科目上的要求，然后结合具体条件指导国际中文教学。让社区居民积极参与学校发起的与社区"手拉手"活动，由此使教育活动得到重大改进，并为适应社会变化作出相应的调整。国际中文教师应该积极参与，或者利用自己的优势来编排一些体现中华文化的活动形式。

通过论坛等方式来提高教师有关国际理解素养的认知，凝聚理论共识，更好地指导实践。理论是行动的先导，在提升国际中文教师国际理解素养的过程中，可以通过举办高峰论坛等方式加强沟通，凝聚理论共识，利用先进的国际理解素养理论来指导实践。一方面，国际中文教师应该持续关注学界对国际理解素养的最新研究进展，并因地制宜、因时制宜结合我国教师群体的特点以及国际中文教育的最新发展动态，来制定适合国际中文教育事业发展的国际理解素养核心测量指标体系，对理论研究的概念进行恰当的解析，提升其可操作性，以形成能够指导国际中文教育实践的理论共识。在加强理论指导的基础上，将理论研究成果与提升我国国际中文教师国际理解素养的实践紧密结合，以坚实的理论成果指导国际中文教师提升国际理解素养。

最后，还需要注意国际中文教师国际理解素养的评估问题。

国际理解素养在很大程度上是主观性的，所以，采用多元评估主体进行评估会比较合适，除了导师的指导和评估，我们还可以借助同侪评估、小组评估等方式，尤其要重视国际中文教师的自我反思和自我评估。同时，在同侪评估、小组评估和自我评估的过程中，还要注重合作能力、沟通与交流能力和批判性思维能力，于是，国际理解素养的评估也和其他核心素养的培育或评价联系起来了。最后，基于"学会共存"的视角，对国际理解素养的评估既要涉及学生在理解差异方面的努力和能力，又要涉及学生在面对不可理解的异质文化时的态度和行为倾向，以及他们在理解和不理解共存的前提下，共同合作、改变现状和解决问题的能力。比如，前文案例强调与同伴的交流学习、反思自己对不同文化的观念等，就旨在通过合作学习，来帮助学生评估自身对差异的理解能力；而使用影响评估矩阵，就旨在评估学生在面临不可理解的文化情境时将如何判断、行动和回应。这样一来，学习者就可以真正思考：我可以和他人一起合作，共同改变世界吗？这样的反思也应该是国际中文教师国际理解素养评估方式的一部分。

6.2.2.2. 在校学生的国际理解素养培养路径

汉语国际教育专业和国际中文教育专业的学生是国际中文教师紧密相连的高级人才储备队伍，加强对其国际理解素养的培养力度及措施势在必行。

对于汉语国际教育专业的本科生和国际中文教育专业的研究生个人来讲，培养他们的国际理解素养具有双重意义。一方面，作为学生的他们心智还在不断成熟的过程中，国际理解素养的培养能促进他们对于外界的好奇心、求知欲与探索精神，这有利于他们在参与社会交流实践的过程中培养全球责任感和作为主人翁的担当意识，促进他们学会和平共处以及共同生活的能力，成为全面发展的人。同时，这也有利于他们更好地应对信息化、数据化、全球化的现实世界，应对人类社会不断向前发展所产生的共同挑战以及越来越艰巨的时代课题。应该说，培养具有国际理解素养的全面发展的人，是当今教育的应有之义。

另一方面，培育汉语国际教育专业的本科生和国际中文教育专业的研究生的国际理解素养不仅能够满足学生个人素质的提升，提高核心竞争力，为融入社会创设条件，还符合新时代对国际中文教育人才提出的要求，对促进国际中文教育事业的发展具有重要的意义。因此我们说，培养汉语国际教育专业的本科生和国际中文教育专业的研究生的国际理解素养是个人发展与社会发展的统一。

目前全球范围内的汉语热，给我们带来了庞大的汉语学习市场，也逐渐形成了以孔子学院为龙头的众多国际中文教育机构，为国际中文教育教师提供了广阔的施展自身才华与实现职业理想的舞台。但现实中国际中文教育事业又具有很强的独特性，那就要求教师必须具备较高的国际理解素养。经过调研不难发现，现有的师资队伍、预备师资队伍都没有完全达到相应的要求，仅仅依靠教师个人的力量也很难适应这一要求。

国际中文教育教师主要来源之一就是汉语国际教育专业和国际中文教育专业的学生，因而培养单位提升其国际理解素养就有了必然性与必要性。遗憾的是，目前我国高校作为培养未来国际中文教师的主要单位，对于汉语国际教育专业和国际中文教育专业学生的国际理解素养的培养还显得十分薄弱——培养的不足导致素养缺失，必然要求改变这一现状——重新审视汉语国际教育专业和国际中文教育专业学生的国际理解素养培养现状，明确国际理解素养培养改革方向、探讨实施策略、构思相应的课程体系。这是当今汉语国际教育专业和国际中文教育专业需要思考的重要课题。

首先，国际理解素养课程要融入日常教学，要加强国际理解素养课程群建设。

我国国际理解教育最初起源于 20 世纪 90 年代，伴随着我国改革开放成果的显现与成功加入世界贸易组织等历史事件，我国与国际社会的关联越来越密切，国际理解教育领域的相关研究也逐渐深入。2001 年我国进行了课程改革，国家课程体系转变为三级管理，这使得校本课程的作用越来越突出，于是很多学校尝试在校本课程中开展国际理解教育。直到 2010 年国家政策文本中正式提出了"国际理解教育"一词，我国的国际理解教育课程体系才逐渐聚焦，明确了未来的发展方向。不过到目前为止，我国还没有统一的国际理解课程目标体系，落实到高校汉语国际教育专业和国际中文教育专业来说，其国际理解素养培养课程体系也还没有建立。

国际理解素养要融入日常教学，需要教师有意识地关注文化理解。多元文化环境会产生不同文化间的碰撞甚至冲突，为了实现和平的目标，国际理解素养要求人们具备对不同文化的理解。在解释学意义上，理解是视域的融合。每个人都有自己的视界，当与他者相遇的时候，两种不同的视界发生碰撞，而"理解"则是达到两者的融合。"理解"发生的过程，其一是要对他者的地方性文化做语境化理解，其二是在对话与交流中，双方的观点能够得到进一步的阐释与讨论，从而达成理解的态度。这种理解是一种对历史的理解、动态的理解、基于平等的双向理解，并且具有"共同创造"的社会性质。国际理解素养中的文化理解，旨在通过对话——质疑、讨论、批判、重构等方式——最终达成新的认识。

国际理解素养关注文化差异，教师要着重培养学生尊重文化的态度。不同人类群体之间价值规范、思想观念及行为方式上的差异是多元文化带来的必然结果，即文化本身是有差异的。王勇认为这是一种"文化屏障"的存在。面对差异，多元文化采取的是承认文化差异和追求平等的原则，考虑到不同的群体背景，并寻求发展所有学生的全部潜力，回应排他性和同化主义的学校教育形式的缺陷。国际理解素养亦是倡导在理解文化、发现文化差异的基础上，尊重其他文化。不过，尊重文化不是要尊重该文化的全部方面，而是意味着尊重一个共同体对其文化的权利以及该文化的内容和特征，并且需要通过对话来减少偏见。

国际理解素养关注文化认同。这包含两个方面：一是对其他文化的承认与尊重，二是对自身文化的认同，两者是相互联系的。任何一个文化群体对自身文化的认同部分是以文化群体的相互承认为基础的，如果得不到他人的承认，或者只是得到他人扭曲的承认，不仅会影响自身认同，而且会造成彼此的严重伤害。

对此我国培养国际中文教师的高校，可适当优化课程结构，调整现有的课程体系，开设一定比例的国际视野类课程，或在其他专业课程中融入全球议题。在国际视野类课程顺序上，可按照"国际热点问题—国际问题意识—理解国际问题"的顺序开设，由浅至深，循序渐进。此外，将全球性议题融入日常课，还需要在全球性议题与国际中文教师感兴趣的学习内容之间建立联系。

《国际中文教师专业能力标准》（T/ISCLT 001-2022）将专业能力表述为 5 个方面：专业知识、专业技能、专业实践、专业发展和专业理念。据此，汉语国际教育专业和国际中文教育专业学生的国际理解素养培养也应融入上述 5 个方面的内容。具体而言，在专业知识中，增加关于国际理解的知识；在专业技能中，增加跨文化交际、全球问题追踪、全球问题分析、跨学科教学技能；在专业实践中，增加参与解决与跨文化相关问题的议题；在专业发展中，加入对全球性议题的反思；在专业理念的培育中，将建立"公正、和平、包容和环境可持续发展"世界的信念纳入其中。

以某高校的汉语国际教育专业和国际中文教育专业人才培养方案为例，我们可以看到，在专业培养目标中，有明确的关于国际理解素养的培养要求：本专业培养拥有国际化视野，掌握扎实的语言教学基本理论知识，具备中西文化交流能力和语言教学及研究能力，拥有良好的综合素质，适应现代社会发展需求，能在国内外各类学校和企事业单位从事语言教学及中外文化交流相关工作的较高水准的应用型人才；毕业后 5 年左右总体预期：能够成为具有国际视野的、优秀的中外文化交流领域的教学人员及教学管理人员。

该专业的毕业要求及指标分解点如下：

表4

毕业要求	指标分解点
毕业要求 1：专业知识能力 深入掌握中国语言文学、相关人文学科的基础理论与基础知识；具有扎实的专业知识和良好的文化修养；掌握中华才艺。	1.1 掌握汉语言文学专门知识和基础理论。
	1.2 掌握中华才艺。
	1.3 了解相关的人文社会科学与自然科学知识。

续表

毕业要求	指标分解点
毕业要求2：创新创业能力 能够掌握本专业领域创新研究的基本方法，能够熟练地应用专业的知识在导师的指导下进行创新性研究，能够跟踪专业发展的前沿，掌握前沿发展的动态，具备一定的创新能力以及独立创业的基本能力。	2.1具有对多元文化的认知、理解与沟通的知识与能力。
	2.2能够掌握本专业领域创新研究的基本方法，能够熟练地应用专业的知识在导师的指导下进行创新性研究。
	2.3掌握前沿发展的动态，具备一定的创新能力以及独立创业的基本能力。
毕业要求3：汉语口语表达和写作能力 能够有较强的汉语口头表达和写作能力，能讲比较标准的普通话，能规范地使用汉字。	3.1具有较好的汉语表达能力，普通话水平达到二级甲等以上。
	3.2具有较强的沟通表达能力，能够通过口头和书面表达方式与同行、社会公众进行有效沟通。
	3.3拥有准确表达思想的语言应用能力，包括较强的文字写作能力和口语交流能力。
毕业要求4：语言教学能力 具备汉语作为第二语言教学的专业技能，掌握汉语国际教育的基本理论与方法，能够进行不同课型的课堂教学。	4.1具备汉语作为第二语言教学的专业技能和相关的研究能力。
	4.2具有良好的团队合作能力，能够与团队成员和谐相处，协作共事，并作为成员或领导者在团队活动中发挥积极作用。
	4.3具有国际视野和国际理解能力，了解国际动态，关注全球重大问题，理解和尊重世界不同文化的差异性和多样性，积极参与国际交流与合作。
毕业要求5：具有国际视野，熟练应用利用互联网信息技术进行信息资源检索及整合分析能力 能以流畅的文笔和清晰的专业语言表达自己的观点，熟练地将现代交流媒介应用于人际和教学表达；能阅读外文资料，并进行英语交流。	5.1具有良好的治学态度，善于思考，勇于进取，具有求实、创新的责任意识。
	5.2学会善于控制自我、换位思考和与人交流的能力。
	5.3具有良好的心理素质、健康的生活方式、健全的人格和强健的体魄。以灵活多样的方式处理不断变化的人际关系。
毕业要求6：自主学习能力 熟练掌握利用计算机进行文献检索、现代化课堂教学的基本方法。	6.1通过人文学术研究导论等专业课程的学习以及毕业论文的写作，了解汉语国际教育的理论前沿、应用前景和最新发展动态。

毕业要求	指标分解点
	6.2掌握中外文资料查询、文献检索以及运用现代信息技术获得相关信息的基本方法，掌握田野调查、社会调查的基本方法，具有一定的学术研究能力。
	6.3具备从事对外文化交流工作和进行相关研究的能力。
毕业要求7：外语运用能力 熟练掌握一门外语，具有较强的外语运用能力。	7.1具备良好的文化传播能力与跨文化沟通能力。
	7.2具有较熟练的英语听、说、读、写、译能力，在努力保证英语四级的基础上，尽量达到英语六级。
毕业要求8：跨文化交际能力 熟悉国家有关汉语言文字及其传播的方针、政策和法规。了解对外交往的相关方针、政策和法规，具有一定的跨文化交际能力，具有开阔的国际化视野。	8.1了解对外交往的有关方针、政策和法规。具有良好的人文素养和科学素养及较好的自学习惯。
	8.2了解本学科的理论前沿、应用前景与发展动态，具有开阔的国际化视野。
	8.3具有国际意识、跨文化意识、团队意识，能使用技术语言，在跨文化环境下进行正确的沟通与表达。
毕业要求9：职业道德规范和团队协作能力 具有强烈的社会责任感、良好的职业道德和职业行为规范，敢于负责任，掌握一定的职业健康安全、环境的法律法规、标准知识，以及应遵守的职业道德规范。	9.1掌握较为广博的通识知识，包括历史、哲学、社会学等在内的人文社科知识，以及必要的自然科学知识。
	9.2具有坚定的民族精神和开阔的国际视野，具有强烈的社会责任感和使命感。
	9.3具备良好的思想品德、职业道德和专业素质，具备一定审美水平，人格健全，身心健康。具备一定的协调、管理、竞争与合作的基本能力，与团队成员协同作战的精神和能力。

可以看到，该培养方案中，有9条指标是直接与国际理解素养相关联的：

2.1具有对多元文化的认知、理解与沟通的知识与能力。

4.3具有国际视野和国际理解能力，了解国际动态，关注全球重大问题，理解和尊重世界不同文化的差异性和多样性，积极参与国际交流与合作。

6.3具备从事对外文化交流工作和进行相关研究的能力。

7.1 具备良好的文化传播能力与跨文化沟通能力。

8.1 了解对外交往的有关方针、政策和法规。具有良好的人文素养和科学素养及较好的自学习惯。

8.2 了解本学科的理论前沿、应用前景与发展动态，具有开阔的国际化视野。

8.3 具有国际意识、跨文化意识、团队意识，能使用技术语言，在跨文化环境下进行正确的沟通与表达。

9.1 掌握较为广博的通识知识，包括历史、哲学、社会学等在内的人文社科知识，以及必要的自然科学知识。

9.2 具有坚定的民族精神和开阔的国际视野，具有强烈的社会责任感和使命感。

对这 9 项指标进行分析，我们发现，其中提到了对多元文化的认知问题，也将广博的通识知识作为毕业要求之一。此外，该培养方案对国际化视野的重视程度最高，同时也十分重视对跨文化交际能力的要求。但是，比较明显的问题在于对国际理解素养的情感态度维度关注度不够。

很多高校的汉语国际教育专业和国际中文教育专业都设有"中西文化概论""跨文化交流学""语言文化传播""国际汉学""外国文学"等课程，这些课程的教学目标部分地体现出增强文化敏感性、用双重视角思考文化、更深地认识自己、更好地理解他者、提升人文智慧、提高展示和传播中华文化的能力等内容，其课程体系与国际理解素养的培养有一定关联性，但是却没有凸显国际理解素养在新时代更加深刻和重要的内涵，往往也不成体系，课程安排零零散散，加上授课过程中对国际理解素养的重视不够，相关内容往往一带而过。这些都使得高校汉语国际教育专业和国际中文教育专业的国际理解素养培养力度不够，培养效果不能令人满意。

苏庆伟和蔡宝来对国际素养的通识课程设计进行了研究，他们认为：国际素养应成为大学通识教育课程的重要目标，国际素养与通识课程的培养目标具有互补、动态、内在统一的关系，国际素养由世界文明的知识、外语技能、有效的跨文化沟通能力、世界公民意识、态度和价值观及全球化的行为能力等维度构成，基于国际素养的通识课程目标体系包括知识、能力以及意识、态度和价值观等方面，相应地，基于国际素养的通识课程内容应涵盖"全球文明研究类课程""跨文化能力类课程""全球社会中的中国问题研究类课程""国际性和全球化问题课程"等课程领域，课程目标和内容的设计要遵循跨学科、显性与隐性课程相结合、学生心理顺序与知识逻辑顺序并重等原则。[1] 同时他们提出了基于国际素养的通识课内容体系，具体如下：

表 5　基于国际化素养的通识课内容体系[2]

总目标	维度	分级指标	内涵	分类
使学生形成中外文明知识和全球化知识等基本完整的国际化知识体系，能熟练掌握外语和母语语言应用技能，具有有效的跨文化沟通能力、思维能力和行为能力，同时具备国际视野、国际理解力、可持续发展意识、爱国意识等正确的世界公民意识和国家公民素养。	知识	掌握世界各国/民族/地区的政治、经济、文化、历史、宗教、生态等方面的中外文明、传统文化知识	从政治、经济、文化、历史、社会、宗教等方面把握中华文明及外国文明相关的知识；理解中外国文明经典中有关人与世界的经典问题，并反思对现代社会、全球化社会的意义。	认知目标
		了解本国/民族/地区文明与世界文明之间、多元文化之间的相互依存关系；可持续发展教育目标	了解全球生态环境、自然资源等地球生态文明知识；了解自然环境与现代科技之间的关系；养成环保意识和地球村意识。	
	能力	外语沟通能力	熟练掌握至少一门外语，能用外语与异文化的人们进行有效的口头和书面沟通；熟悉语言背后的文化知识；了解不同文化之间的异同；用全球化主题来锻炼学生外语技能（例如，有说服力的书面和口头表达能力）。	行为目标

---

[1]　参见苏庆伟、蔡宝来：《论基于国际化素养的通识课程设计》，载《黑龙江高教研究》2017 年第 5 期。

[2]　参见苏庆伟、蔡宝来：《论基于国际化素养的通识课程设计》，载《黑龙江高教研究》2017 年第 5 期。

续表

总目标	维度	分级指标	内涵	分类
		跨文化思维能力	能够从国际的视野来分析中国的本土问题； 能分析中国语境下的经济、政治、社会、文化等问题与全球化之间的关系； 能从中国的视角来分析全球化问题。	
		国际理解能力	能理解、欣赏、尊重不同文化/国家/地区的文化传统、风俗习惯、语言、文学、艺术、音乐、宗教、社会结构等文化差异。	
		跨文化交际能力	具备外语技能、其他文化的知识、跨文化交际能力、跨文化敏感性、同理心以及对待其他文化正确的态度； 克服民族中心主义，从而使学生能与不同文化/社会/民族的公民有效沟通；能胜任跨文化的工作、商务和生活情景。	
	世界公民意识、态度和价值观	世界公民意识	和平意识、环保意识、平等意识、社会公平意识、同理心意识、爱国意识、地球村意识、理解自我与世界的关系。	情感目标
		世界公民态度	对待多元文化持包容、理解、欣赏、开放的态度、热爱祖国文化的态度，为世界生态环境、世界和平、各文明和平相处负责。	
		世界公民价值观	社会主义核心价值观；世界各国共存共荣的价值观；尊重多样文明的客观存在以及"和而不同"价值观；爱护地球生态环境、热爱和平、反对文明冲突、社会正义、人权、平等的价值观。	

总目标	维度	分级指标	内涵	分类
		国家公民素养	热爱祖国、热爱本国/民族/地区/种族/文化、作为一个国家合格公民的素养、公民教育的基本价值规范。	

苏庆伟和蔡宝来的研究对汉语国际教育专业和国际中文教育专业培养国际理解素养课程的建设很有启发意义，尤其是作为课程群的建设来说，将不同的课程与国际理解素养的不同维度相对应，使得课程的开发更有目的性、针对性，同时也很好地避免了目前一些有关国际理解的课程出现同质化的问题。此外，依据这个思路构建国际理解素养课程群的内容体系也容易操作，不同的学校还可以在框架中进行合理的取舍，或者开发一些校本课程。无论是哪种方式，这个课程内容体系都会使汉语国际教育专业和国际中文教育专业国际理解素养课程群的设置更加合理、培养效果也会相应地得到提升。当然，还要加强国际理解素养培养在现有课程中的融入与实施方面的研究。国际理解素养培养融入现有学校课程时需遵循一定的原则，例如，整合性、系统性、有效性、校本化和建构性原则等。

第一，在将国际理解素养教育融入日常教学的过程中，要充分利用外语学科的优势。世界文化丰富多样，不同文化孕育了不同的语言，语言与文化密不可分，任何一种语言符号体系都是特定文化的产物，同时又成为这一文化的载体语言，甚至可以被认为是一种特殊的文化。语言、文化和思维三者之间的关系是你中有我、我中有你。正因为这三者密不可分的关联，我们认为，通过外语类课程来培养提升学生的国际理解素养是存在着天然的优势的。要想提升学生的国际理解素养，充分利用外语教学的"人文性"是重中之重。

高校外语教学的基本框架长期局限于听、说、读、写、译等语言技能层面，这给国际理解素养的提升与发展带来了不利的影响。因为听、说、读、写、译等语言技能的学习与高阶的跨文化交际能力的提升不能简单地画等号，跨文化交际能力更多地指向现实生活中将所有的外语知识与技能有机整合的能力，是要从实际语用的角度来理解的，而跨文化交际能力又是国际理解素养的重要组成部分，因此应该充分重视汉语国际教育专业和国际中文教育专业外语学科的教学。

国际理解素养关注文化交流与互动。要想学会理解与尊重文化，学生不仅是通过知识学习，更重要的是需要具备使用外语进行跨文化交流能力，懂得面对多元文化，如何有效沟通，进行文化互动与对话。在互动的情境中，双方可以针对某一现象进行意义澄清，避免歧义。这个过程，也需要进行文化评估，学会辨别与选择，建立自己的价值观念和是非标准，发展站在道德角度判断社会事务和他人行为的能力。语言学习是文化交流与互动中重要的一环，只有掌握了作为媒介的其他文化的语言，才更可能与其他文化背景的人展开交流与互动。如前所述，文化视角下的国际理解素养，需要学生能够对文化进行评估。尊重文化也是一种批判性的，这表明了学生应当拥有看待事物的不同视角，更进一步学生应当理解知识是如何建构和创造的，包括在社会的、政治的、经济的社会语境中，知识生产如何与知识生产者的地位相联系的，知识是如何被个人和团体的种族、民族、社会阶层、性别的地位影响的，从而揭露知识的假设，从不同民族和文化的视角看待知识，使用知识指导行动，以创造一个人文的、公正的世界。

这项能力的培养要求我们在外语教学中打破"外语工具论"，改变学生被动模仿目的语、盲目接受目的语文化的教学现状，使学生在理智分析、评判、反思的基础上创造性地运用语言，体悟文化新意，将外语的学习变成了解世界文化的窗口，进而成为世界文化的参与者和创造者。

例如，汉语国际教育专业和国际中文教育专业可以利用"综合英语"课程开展国际理解素养的培养。"综合英语"课程所涉及的知识不应该仅仅包括英语语言知识，还应该包括在国际交流过程中可能用到的各种知识，具体来看包括两个方面：一是世界各国各地区的文化知识（如世界各国各地区的肢体语言、地理环境、风俗习惯、宗教信仰、价值观念及思维方式等知识）；二是能够为跨文化交际实践提供指导的跨文化交际理论知识，这些知识都是其今后避免跨文化交际冲突的必要准备。

　　"综合英语"课程应该将语言教学与文化教学融为一体,在这个过程中,教师不应该仅仅是知识的讲授、灌输,而应该是有意识地引导学生主动思辨。教师可以应用任务教学法等翻转课堂的理念,引导学生在教材的内容基础上,主动提炼出其感兴趣的跨文化知识,这样可以帮助学生自主动态构建跨文化知识体系。以最新出版的《新标准大学英语》的课文 "I We They"的教学为例,文章讲述了阿拉伯商人与瑞典公司合作由于文化差异而产生误会的故事。如果教师仅仅是讲授因为文化差异而引发的误会的事件本身,那么对学生的跨文化思辨能力提升得就比较有限。教师可以应用任务教学法引导学生自己分析问题、搜集资料,提炼出教材中没有直接讲授的"高语境文化""低语境文化"等深层次跨文化知识,为学生今后的跨文化交际实操提供理论支持。

　　教师还可以通过多模态的信息呈现与深度挖掘,创建课堂内的跨文化交际语境:利用信息时代的特点在课程中广泛涉猎原声纪录片及电视节目,通过内容丰富形式多样的学习材料引发学生兴趣,开阔学生眼界,在学习英语的同时,帮助领略世界文化,进而引导学生提升文化敏感度和文化理解力,使其能对本国文化和其他文化的差异进行深度理解。经过课程的完整学习,达到的效果应该是学生头脑中的相关知识能够以点带面逐步充实,当学生形成习惯之后,相关知识的获取就可以达到动态建构的良性发展,并在深刻理解不同文化差异的基础上,不断完善自身的跨文化知识体系。

　　需要注意的是,汉语国际教育专业和国际中文教育专业学生的国际理解素养的培养,还应该特别注重本国文化知识的学习,尤其是中华文化的英语表达等,这些都是汉语国际教育专业和国际中文教育专业人才在今后工作的必备质素。教师可以在课程中增加"英语畅谈中国""中华文化英语阅读"等教学模块,帮助学习者熟练使用英语介绍中华传统文化及当代中国国情,在坚定中国立场和文化自信的基础上"讲好中国故事"。

　　又如,《新标准大学英语》中的 "High days and holidays" 以中西方的节日为主题,其中文章 "Chinese or Western, it's time to relax" 谈到了中国人过圣诞节的情况,教师可以让学生分组讨论,引导学生思考自己对中国人过圣诞节的看法，进而引发思辨：当代语境下应该以什么样的态度看待西方文化的影响，应该以什么样的态度看待世界文化的交流与相互影响？教师可以利用外语教材自身的特点，充分发掘其中蕴含的跨文化信息点，通过小组讨论等教学方式为学生提供理解、分析世界多元文化的思辨空间，鼓励生生之间深层次的观点交流，使学生对异质文化能够深入思考，充分理解世界文化的多样性，辨别其精华与糟粕，努力消除文化偏见与文化刻板印象，理智客观地分析、评价异域文化，逐步获得跨文化交际中所需要的积极自信、开放包容的心态。

在这一过程中教师要考虑多方面因素。一方面，教师提出讨论的问题、设计的相关活动要有思辨性，恰当的国际理解态度不是教师强加的，而是学生在学习过程中通过自己的分析判断与反思逐步形成的；另一方面，教师在着力正面呈现我国优秀传统文化的同时，还要注意关注时事热点，把握时代发展脉搏，形成解决新时期新问题的能力，使学生的相关能力动态发展，进而引导出恰当的国际理解态度。

第二，国际中文教育作为一项跨学科的与国际接轨的专业，其对国际理解素养的培养较其他业更加严格和细致，这就要求专业的人才培养方案应该有一定数量专门培养国际理解素养的课程，形成具有系统性、有效性、校本化和建构性的国际理解素养培养课程群，这样才能满足其培养高规格国际化人才的需要。

2007 年，《汉语国际教育硕士专业学位研究生指导性培养方案》由全国汉语国际教育硕士专业学位教育指导委员会发布。该方案明晰了汉语国际教育专业的培养目标：培养具有熟练的汉语作为第二语言教学技能和良好的跨文化交际能力，适应汉语国际推广工作，胜任多种教学任务的高层次、应用型、复合型专门人才。该目标强调的跨文化交际能力与汉语国际推广鲜明地体现了本专业的国际化特征，与国际理解素养的内涵与要素十分贴合，因此在进行相关的课程群建设时，应该遵循以下一些基本思路：

（1）培养学生对多元文化的认知和理解能力，以更加开放、包容的心态面对异质文化，尽量避免"文化自卑""文化自大""文化虚无"等不良文化心态的影响；

（2）培养学生充分利用信息化手段、积极主动地了解和获取国际信息，帮助掌握汉语国际传播的现状和发展动态；

（3）培养学生的跨文化适应力和跨文化思辨能力，使学生更好地适应海外教学环境和生活，更好地开展教学，与时俱进地提高专业技能和个人素养；

（4）培养学生在对本国文化自信、对他国文化尊重的基础上更好地进行中外语言研究和汉语国际教育的相关研究，更好地传播中华文化，实现对本专业可持续发展的贡献。

第三，要丰富教学形式，促进理论学习与实践教学结合。汉语国际教育专业和国际中文教育专业学生的国际理解素养既需要理论知识的支撑，又具有很强的实践性。例如，跨文化交际能力和交流沟通能力需要个体首先掌握一定的理论，然后分析相关案例深入理解理论，最后将其运用于跨文化教学实践；实践行动能力和文化适应能力本身即重在考察个体的实践经验。因此，既需要通过开设跨文化交际课程提升国际中文教师的理论素养，也需要通过辩论、案例分析等多样化形式，加强跨文化交际理论知识的实践运用。而对于实践性很强的素养的提升，则应尽可能设计实践环节。结合当下实际，在职前培养阶段，可为国际中文教师提供尽可能多的跨文化交流机会，为国际中文"准"教师提供更多的实习机会，培养他们与不同文化背景的人合作的能力。

通过"体演文化教学法"等，可以加强学生的实践能力。"体演文化教学法"（Performed-culture Approach）由美国俄亥俄州立大学东亚语言文学系中文部吴伟克（Galal Walker）教授提出，是一种以演练文化为目标的第二语言教学方法[1]，该教学法将外语的学习理解为目的语文化环境中的文化行为，有机融合了语言、文化和交际三个方面。在综合英语课堂中应用"体演文化教学法"，将文化呈现为一个个具体场景，可以使文化教学与语言教学深度融合。学生在课堂中不止能学习到外语知识，更能在文化情境中设身处地地思考跨文化问题，也就是在自身的"体演行动"中学习，而非从教师的讲授中被动接受，以此来培养学生的语言交际能力，掌握跨文

---

〔1〕　参见曲抒洁、潘泰：《美国"体演文化"教学法简论》，载《教育评论》2010 年第 5 期。

化交际的必备技巧，进而提升其国际理解素养。

"体演文化教学法"将语言、文化和交际三者有机融合在一起，将文化置于教学的核心位置，以培养学生在目的语文化社区中的参与能力为教学目标，以积累文化故事为教学内容，以体演作为学习的主要形式，同时对教师和学生的角色和任务进行了新的界定，打破了传统教学方法以语言要素习得为教学目标的模式，使得培养学生的跨文化交际能力成为可能。这一理念符合当今全球化形势对外语人才的要求，也与外语教学界提倡的一些最新的教学理念相一致。

Jian 和 Shepherd 用"入乡随俗"、"设身处地"、"身体力行"和"习惯成自然"来概括"体演文化教学法"如何帮助美国学生习得中华文化中的人际交往规则，从而在跨文化交往中取得成功。其中，"入乡随俗"涉及跨文化交际的意识、态度和知识三个层面。首先，学习者意识到自己身处不同的文化环境，风俗习惯会和自己的本土文化有所差异。然后，以一种"随俗"的积极态度，尊重目的语社区的文化规则，有意识地学习和理解这些规则并调整自己的行为去适应规则。"设身处地"和"身体力行"是培养跨文化交际能力的具体做法。"设身处地"要求学习者根据自身的身份角色和交际的文化语境来决定交际的内容和策略；"身体力行"是指学习者在思想上理解和接受目的语文化的前提下，进行亲身体验和行动，在目的语社区中真正地做事，在实践中逐渐提高跨文化交际的能力。"习惯成自然"指的是学习和实践的最终结果。长时间的文化实践会让学习者逐渐适应目的语文化并被其同化，自然地与目的语社区融合在一起，从而在目的语社区中取得成功，即达到习惯成自然。

"体演文化教学法"从提出至今已有二十余年，经过美国大学和中小学多年的教学实践检验，已经被证明是培养学生跨文化交际能力一套切实可行的教学方法。双向性和互动性是文化交流的重要特点，也正因为如此，"体演文化教学法"才特别适用于培养学生的跨文化交际策略。在"体演文化教学法"中，"体演"是关键词，它至少可以包含两方面含义"体会"与"表演"，可以包含多方面的含义"体会、体验、表演、演练"等。但毫无疑问，学生要想完成相关的"体演文化"活动，就必须经过自己对相关文化情境的思辨，而经过演练与体悟后的学习也会提升学生的跨文化交际技巧，帮助其掌握跨文化交际策略，从而真正提高学生的跨文化思辨能力。教师可以首先邀请学生将一些典型的跨文化交际产生误会的场景表演出来，然后组织学生讨论与思考，分析其中哪里出了问题，哪里可以改进、如何改进，再请学生运用经过自己研究得来的跨文化交际技巧再表演一遍。不同的小组可能有不同的呈现，对同一个跨文化交际中的误会可能有不同的避免或解决方式，教师要适时带领学生比较、反思、提炼，从而培养学生在不同的文化情景中灵活、合理运用交际策略的能力。

第四，设有汉语国际教育专业和国际中文教育专业的高校之间应该紧密合作，就国际中文教育人才的培养方案、培养目标和培养路径等方面如何体现国际理解素养因素进行交流讨论，也可以通过举办以汉语国际教育专业和国际中文教育专业的国际理解素养培养为主题的线上线下讲座，使各高校之间就国际理解素养的理论性、方向性展开充分讨论，共同提升。此外，一些有影响力的品牌学术活动应该在这个过程中发挥更大的作用，如"国际中文教育学术研讨会"、"国际中文教育发展智库论坛"、"国际中文教育大会"以及"'一带一路'国际中文教育国际学术研讨会"等新兴学术交流品牌，为来自世界各地的国际中文教育工作者和相关机构提供了学术交流、增进了解的平台，这些品牌学术活动可以适时开设国际理解素养论坛等，促进国际理解素养的研究纵深发展，进而为高校汉语国际教育专业和国际中文教育专业学生的国际理解素养培养提供理论支撑。

第五，要利用各种专业技能交流的机会，形成校内校外共同培养国际理解素养的良性互动。

目前我国已经出现了一系列的颇具影响力的国际中文教育教学技能交流活动，例如，作为 2022 年国际中文教育大会暨交流周的重要活动，由全国汉语国际教育专业学位研究生教育指导委员会、中外语言交流合作中心主办的"汉教英雄会"国际中文教学技能全国交流活动，由中国教育电视台、国家语委丝路语言文化研究中心主办、厦门中学西渐信息科技有限公司协办的"中学西渐杯"全国汉语国际教育综合综合技能大赛，等等。这些高规格的大赛为高校汉语国际教育专业和国际中文教育专业的学生提供了交流与展示的平台，在观摩学习与技能展示的过程中实现了知识更新和技能创新。教师与这些赛事的主办方积极沟通，抓住这些专业技能交流的机会为学生提供展示其国际理解素养的平台与机会，以赛促学、以赛促练，使学校的国际理解素养培养又得到一定程度的检验。

上述几个方面的努力是为了帮助汉语国际教育专业和国际中文教育专业的学生提升国际理解的认知视野、扩大国际理解的知识储备和强化国际理解的应用能力，将是高校汉语国际教育专业和国际中文教育专业国际理解素养培养的有益尝试。

在我国，正式的国际理解教育研究起步相对较晚，国际理解素养的培养也还在起步阶段，在这个过程中难免会出现一些因为对国际理解素养理解不透彻而导致的问题。具体落实到高等教育层次，会出现培养理念混乱、课程设置同质化、评价体系不完善等问题，从某种程度而言，这让国际理解素养的培养教育缺少明确的"主线"，这必然会影响国际理解素养培养的实效，成为当下高校需要解决的重要问题。

在加强对汉语国际教育专业和国际中文教育专业在校生国际理解素养培养的过程中必须要注意以下几个问题与误区。

第一，国际理解素养的培养内涵被"窄化"的问题。

当今我国高校汉语国际教育专业和国际中文教育专业所涉及的"国际理解素养"不应该被狭义地定义为国与国之间互相理解的能力，而是应该指向更广泛、更具体化地涵盖人与人之间的互相尊重与彼此认同、国与国之间的正向互动，以及对"人类命运共同体"的深刻理解。党的十八大以来，"人类命运共同体"这一概念的提出，不仅包含了"世界大同"的重要价值观，还体现了作为大国应有的态度与使命感，应该是汉语国际教育专业和国际中文教育专业学生国际理解素养的精神旨归。

"人类命运共同体"理念升华了国际理解素养的内涵。以"人类命运共同体"为逻辑内核，"人类"超越了"世界"一词，突出了全球化进程中真正应该受益的对象；也从另一个层面反映了世界运行的唯一旨归，那便是为了"人类"更好地生存与发展。"命运"一词又突出了"面向未来"的价值观，体现了在全球化的语境下世界人民应该摈弃过往的纠葛，共同应对向未来的挑战、共同创造未来的"大同世界"。而"共同体"强调了"自我"与"大家"之间的紧密关联。"人类命运共同体"表达了作为一个整体的人类应该是休戚与共的，彼此生命之间的联系促使我们应该面向未来，共同应对全球问题，共同探讨、制定全球规则，为促进全球发展贡献力量，而发展的成果也理所应当由全人类共同分享。

这样的宏大目标使国际理解素养的内涵在宽度上得到了应有的扩展，在高度上得到了提升，"人类命运共同体"的提出更为我们后续国际理解教育的实施指明了方向。"人类命运共同体"视域下国际理解素养的培养应该具有如下的目标：能够站在人类共同利益之上，以正确的世界观、价值观审视各国文化差异，以包容的心态、融合的视角看待国际问题，并为人类可持续发展主动担当的国际人才。

第二，国际理解素养的培养内容被"浅显化"的问题。

国际理解素养在强调文化层面重要性时，也会产生一些问题。首先是对文化的浅层理解，导致目前在高校汉语国际教育专业和国际中文教育专业在开展国际理解素养培养的过程中出现了培养内容"浅显化"的问题。在多元文化的视角下，国际理解素养要求学生对文化的概念与内涵有深层次的理解，学生应该能够发现文化差异，进行文化互动，从而学会尊重文化，达到文化认同的目的。这个过程不应该仅仅是习得部分世界文化知识，而是需要学生具备多重视角，利用自己的跨文化思辨能力，从多元文化的视角去建构国际理解的知识体系，进而在此基础上充分发展国际理解素养。这种目标的达成需要高校在进行国际理解素养培养时充分深度挖掘教学素材，充分利用具有思辨空间的案例，而不是仅仅将识记性的内容作为教学重点。

第三，国际理解素养的培养过程中过度强调"世界公民"理念而忽视"国家公民"身份的认同。

理解国际素养教育并不意味着忽视本地文化的教学，相反要充分重视本地、本国文化的重要性。首先我们需要认识到，基于公民视角的国际理解素养与"世界公民"的理念存在密切的内在关联。"世界公民"的概念本身就不可避免地存在"突破国界"的意味，这难免会让一些民族主义者怀疑成为世界公民是对国民身份的轻视，在我们进行国际理解素养培养的过程中也会出现类似的反思。那么，成为"世界公民"与忠诚于自己国家的"国家公民"身份是什么的关系呢？同样的思路进行引申，我们还需要思考如何处理世界主义与爱国主义的关系呢？

有关国际理解素养的一些研究已经阐明：认同与发展"世界公民"的身份并不意味着要求个人否认和拒绝他们本来的"国家公民"身份，也同样不意味着"世界公民"的身份相较于"国家公民"身份应该被给予较高的优先级，更不意味着拒绝接受其他与种族、信仰有关的身份认同。真正的国际理解素养的培养，应该是帮助学生建立、巩固在已有的认同基础上扩展它，同时促进对国家认同的更广泛的、更深刻的理解。

罗伯逊（Robertson）提出了"全球在地化"（Glocalization）的概念，它融合了全球和在地化，并认识到均匀化和异质化的共存是互补的过程，这也是戴维斯（Davies）和派克（Pike）倡导的"在本地行动，在全球思考"（Act locally, Think globally），突破了国家与世界的二元分法。而国际理解素养更需要学生能够关注国内问题，思考如何从当地出发思考全球，以及如何从全球再回到当地。总的来看，"公民身份"是一个复杂的概念，其探讨的权利、责任、身份、认同等话题，宏大且蕴藏着深厚的政治哲学基础。在国际理解素养培养的视角下，教师应该更加关注学生对身份的处理，警惕过度关注国际而忽略本土等问题。教师应该清楚地认识到国际理解不是对他国文化的全盘认同，尤其是在霸权主义和强权政治仍然存在的今天，教师要引导学生甄别哪些是不合理的国际交流准则与规范，对触犯人民底线的糟粕文化、制度说"不"。国际理解素养教育不意味着忽视本地文化的教学，相反要充分重视本地、本国文化的重要性。应该说，对国际性问题的深刻思考，离不开对他国文化的认知也离不开对自身文化的清晰定位。

第四，警惕"反全球化"的错误思想的不利影响。

随着信息技术的高速发展，作为网络原住民的当代大学生能够高效地利用互联网迅速、及时地获取国际新闻，也可以多方面地了解丰富多彩的世界文化，这从某种事实上丰富了国际理解素养培育的途径和效率；但另一方面，在一定程度也带来了一些不可忽视的挑战：在网络世界里，人们可以随时随地随意地发表自己的看法，由此网络上充斥各种各样的价值观，这些观念可以不经过任何筛选地进入到大学生的视野中，这对于人生观、价值观和世界观还在形成阶段的大学生来说是一种不小的冲击。

其中，"反全球化"的冲击值得我们在开展国际理解素养培养的过程中重点关注。一方面，信息的全球化使人们越来越多地了解世界，也相应获得了很多的便利；但另一方面，有关"反全球化"的论调也随之出现。尽管跨国流动的进程在加快，但是由于新自由主义、同化主义和仇外心理等的存在，使得在当今社会后出现了一些"反全球化"的声音与现象。另外，由于文化霸权主义、极端民族主义等问题使得在 20 世纪 60 年代，一些发达国家通过以推行自身价值观和生活方式为宗旨的针对发展中国家的援助计划来培养他们在政治上、经济上和文化上的"代理人"，这种变相的霸权主义违背了文化平等与文化多样性的理念，也引发了"反全球化"的思想。

庞中英教授指出，"反全球化"这一词语是起源于某些西方的主流媒体，这些媒体将"反全球化"行为概括为：只要是质疑和反对全球化主流意识形态的声音，或者促使全球化发展的措施和政策都属于"反全球化"[1]。

在西方国家反全球化思潮冲击下，病毒种族主义、极端民粹主义，以及超级保护主义言论和行为表现渐趋明显。国际交通受阻、社区隔离管控、校园封闭管理使得无论是外国留学生来华学习中文抑或是国际中文教师出国传授语言都面临着巨大阻碍，很多海外中文教育机构遭遇停摆，国际中文教育从业机构与相关从业人员受到严重冲击。

这些"反全球化"的声音在一定程度上阻碍了各国之间的相互理解。全球化背景下，各个国家的人民已然是世界舞台的主角，更是解决世界所面临的难题和挑战的中坚力量。因此，世界各国人民应该摒弃成见，以开放包容的姿态，尊重理解的态度，跨越民族和国家之间的文化差异，寻求合作，达成共识。

---

〔1〕 参见庞中英：《另一种全球化——对"反全球化"现象的调查与思考》，载《世界经济与法治》2001 年第 2 期。

结　语

　　国际理解素养是包括多种能力且涵盖面较广、归纳概括性较强的素养，国际理解素养是促进"构建人类命运共同体"的个体素质基础，是在促进人类共生共赢的基础上，以全球发展为思考问题的基础和出发点。该素养要求公民具备尊重、理解、宽容他国文化和关注国际事务的意识，包括文化理解、文化包容、跨文化交际能力等诸多方面。但是国际理解素养蕴含着"利益共生、权利共享、责任共担"的内涵，与跨文化交际能力相比，国际理解素养指向了更高远与深层的追求，即人类的共生共存。不同种族、国家、地区的人民只有具有博大胸怀，才能把本国人民利益同世界各国人民利益统一起来，形成携手合作、互利共赢的大格局。

　　国际中文教育是我国向全球提供的重要语言文化公共产品，一方面，国际中文教育必将在促进全球中文传承与传播、增强中华文明传播力与影响力方面发挥更大的作用；另一方面，在全球化程度不断加深的背景下，虽然世界各国、各地区彼此之间的联系比以往任何时候都更加紧密，国际中文教育事业理应肩负世界公民孕育与和平维护的教育担当，而中文国际传播也是增进国际理解、促进文明互鉴的重要方式，它既是我们国家和民族的事业，又顺应了当前多元文化发展、世界交融理解的国际大趋势，是推动"构建人类命运共同体"的重要基础之一。

　　"教师"作为国际中文教育"三教"问题的核心，其专业素养的高低决定着国际中文教育事业未来的发展。在世界大交融大发展的时代背景下，国际中文教师除了需要具备以语言能力、科研能力、学科知识及应用语言学素养为核心的专业素养之外，还必须具备很高的国际理解素养。国际中

文教师的国际理解素养既关乎教师个人的成长，又关乎其是否能够在国际
环境迅速发展变化的今天胜任国际中文教育工作。

具备素养是促进教师发展的根本动因，是教师教育的起点和常态，对
知识和能力的发展起着决定性的作用，应在这个过程中采取前后之间有因
果关系的"素养>能力>知识"这一教师教育与评估模式。重视教师素养并
非否定教师知识和能力的作用，而是基于教师教育以"人"为本的理念，
基于把控生源质量的考量，更是基于三个模块在教师教育过程中对内在逻
辑关系的安排。

在文化全球化的时代背景下，国际中文教育人才的培养面临着新的挑
战。汉语国际教育专业和国际中文教育专业的教学目标应该是立足文化自
信，培养具有国际理解素养的、能够在未来工作和生活中实现有效的跨文
化交际的国际化专门人才。

国际中文教师国际理解素养的提升与国际中文教育职业的发展有机契
合，有利于国际中文教师成为兼具国际理解视野、文化包容境界、坚守中
国情怀的"人类命运共同体"情怀的教师。当然，教师需要经历一个教学
相长的过程，教师的专业素养也并不是与生俱来或者一蹴而就的，它是一
个不断尝试、不断反思的内化过程，也是一个与时俱进的动态过程，同时
也是教师个体和群体共同追求、奋斗的发展过程。

国际理解素养作为国际中文教师的一个必备素养，相关的研究还应该
继续深入。国际理解素养的提升回应了全球化发展的现实需求，既着眼当
代，又面向未来，是打造基本功扎实、专业能力过硬的国际中文教师队伍
的必然要求。只有这样才能助力我国国际中文教育事业快速转型，不断更
新国际中文教育的发展理念，实现高质量发展，传播具有时代感召力的中
国话语，为"构建人类命运共同体"做出更大的贡献。

参考文献

1. 薄巍、江晨皓：《CBI 理念下国际中文教育实践与启示——以阿联酋中文教育为例》，载《大理大学学报》2022 年第 7 期。

2. 薄伟英：《国际理解视域下的学生评价体系构建》，载《教学与管理》2015 年第 2 期。

3. 毕四通：《汉语国际教育助力人类命运共同体构建的时代路径——评〈中文国际传播：人类命运共同体的语言实践〉》，载《教育发展研究》2023 年第 10 期。

4. 卜玉华：《国际理解教育的必要性、内涵及其原则》，载《中国德育》2020 年第 15 期。

5. 蔡武：《近十五年国内外国际中文教师研究：回顾与展望》，载《云南师范大学学报（对外汉语教学与研究版）》2022 年第 4 期。

6. 蔡武：《职前国际中文教师能力本位培养策略探究》，载《中国成人教育》2022 年第 2 期。

7. 曹钢、梁宇：《国际中文教育知识图谱的构建与应用——实现规模化因材施教的新途径》，载《云南师范大学学报（对外汉语教学与研究版）》2023 年第 4 期。

8. 曹戈：《中文联盟推动国际中文教育数字化转型的实践经验》，载《云南师范大学学报（对外汉语教学与研究版）》2023 年第 4 期。

9. 曹霁：《青少年全球胜任力，"高配"还是"标配"?》，载《教育家》2022 年第 15 期。

10. 曹克亮：《"元宇宙"的交往效应及对中文国际教育与传播的启示》，载《云南师范大学学报（对外汉语教学与研究版）》2023 年第 2 期。

11. 曹儒等：《后疫情时代高等教育在线课程教学管理思考——以网络在线国际中文教育教务管理为例》，载《沈阳农业大学学报（社会科学版）》2022 年第 6 期。

12. 曹盛华：《澳大利亚教师国际理解素养培养研究》，南京师范大学 2019 年硕士学位论文。

13. 曹贤文：《从汉文教育到国际中文教育：概念史视角下的变迁》，载《贵州师范大学学报（社会科学版）》2023 年第 2 期。

14. 曾小梦：《把握一带一路机遇　推进国际中文教育》，载《中国社会科学报》2023 年4 月 4 日，第 A04 版。

15. 常永才等：《如何培养学生的国际理解素养——国外文化互动教育实践的启示》，载《中国民族教育》2016 年第 5 期。

16. 陈冰娜：《"宽教育"理念引领下的国际理解教育教学实践探索》，载《广东教育（综合版）》2019 年第 6 期。

17. 陈聪：《国际中文教育背景下中华文化国际传播的定位与发展》，载《时代报告（奔流）》2021 年第 11 期。

18. 陈德英等：《独立学院国际化人才核心素养及培养路径研究》，载《时代金融》2019 年第 32 期。

19. 陈虹羽、李东伟：《基于案例分析的国际中文教育线上教学问题及解决对策研究》，载《华北理工大学学报（社会科学版）》2023 年第 3 期。

20. 陈洁：《国际化视阈下留学生管理队伍职业素养建构》，载《作家天地》2020 年第 20 期。

21. 陈莉、张吟：《国际中文教育的学习者需求特征分析》，载《扬州大学学报（人文社会科学版）》2021 年第 6 期。

22. 陈璐：《新时代国际中文教育方法创新——评〈国际中文教育研究探新〉》，载《中国教育学刊》2023 年第 3 期。

23. 陈曼倩等：《"中文+职业技能"人才培养目标下国际中文教育教学模式初探》，载《哈尔滨职业技术学院学报》2022 年第 4 期。

24. 陈明鹏：《"互联网+"背景下国际中文教师信息素养培养路径研究》，载《大学》2023 年第 7 期。

25. 陈婉：《国际中文教师能力现状研究》，兰州大学 2020 年硕士学位论文。

26. 陈晓达：《国际中文教育视域下川剧变脸海外传播初探》，载《戏剧之家》2022 年第 20 期。

27. 崔世鹏、贺宇：《国际中文教师工作投入现状、成因及建议》，载《华文教学与研究》2022 年第 4 期。

28. 崔希亮等：《"国际中文教育三大体系建设"多人谈》，载《云南师范大学学报（对外汉语教学与研究版）》2023 年第 3 期。

29. 崔希亮：《国际中文教育的分层意识和产品化思维》，载《北京第二外国语学院学报》2023 年第 4 期。

30. 崔希亮：《世界格局剧烈变化背景下的国际中文教育》，载《天津师范大学学报（社会科学版）》2022 年第 4 期。

31. 崔永华：《北语与国际中文教育系统建设——成就与源泉》，载《国际汉语教学研究》2022 年第 3 期。

32. 崔允漷：《追问"核心素养"》，载《全球教育展望》2016 年第 5 期。

33. 戴军明：《国际中文教育转型期中文教材研发出版的思考》，载《出版广角》2022 年第 8 期。

34. 单晓琴：《国际中文教育文化微课选题研究——以全国研究生汉语教学微课大赛为例》，载《文教资料》2022 年第 21 期。

35. 邓莉、吴月竹：《经合组织全球胜任力框架及测评的争议——兼论对中国国际理解教育的反思》，载《比较教育研究》2021 年第 11 期。

36. 邓雪梅：《国际中文教师国际理解素养培养现状与改进策略研究》，西南大学 2022 年硕士学位论文。

37. 邓炎昌、刘润清《语言与文化——英汉语言文化对比》，外语教学与研究出版社1989 年版。

38. 邓勇：《命运共生视域下国际理解教育课程体系探论》，载《中学政治教学参考》2022 年第 19 期。

39. 翟秋兰、单新荣：《国际理解教育和人类命运共同体观下的大学外语教育》，载《高教学刊》2021 年第 28 期。

40. 丁安琪、宋艳杰：《〈国际中文教育中文水平等级标准〉视角下的中文师资培养与能力建设》，载《国际汉语教学研究》2023 年第 1 期。

41. 丁美琦：《基于对外汉语教学的汉英合成词构词法对比研究》，云南师范大学 2014 年硕士学位论文。

42. 丁伟平：《我国国际理解教育的回顾与展望：1949-2019》，湖南师范大学 2019 年硕士学位论文。

43. 丁消飞：《国际中文教育视野下的抖音平台汉语教学及文化推介类短视频调查研究》，兰州大学 2023 年硕士学位论文。

44. 董希骁：《国家语言能力视阈下的罗马尼亚通用语言国际拓展》，载《外语研究》2021 年第 1 期。

45. 杜彤：《国内近三十年国际中文教育文化教材古诗词选编研究》，兰州大学 2023 年硕士学位论文。

46. 杜迎洁、蔡武：《谈国际中文教育中课堂"批评"的艺术》，载《大连大学学报》
2021 年第 5 期。

47. 段丹洁：《探索全球胜任力培养路径》，载《中国社会科学报》2021 年 3 月 17 日，
第 001 版。

48. 段道焕：《我国国际理解教育研究综述》，载《河南教育学院学报（哲学社会科学
版）》2020 年第 3 期。

49. 段鹏：《历时、共时及经验：国际中文教育及传播应用研究》，载《西北师大学报
（社会科学版）》2022 年第 4 期。

50. 段鹏：《数字人文视域下国际中文教育传播体系创新建构》，载《中国高等教育》
2022 年第 24 期。

51. 范志坚、丁丽：《高校国际中文教育中的文化教学研究》，载《汉字文化》2021 年第
23 期。

52. 封玉：《高等教育国际化背景下的高校教师跨文化素养研究》，载《科技资讯》2021
年第 34 期。

53. 付雪婷：《微课在汉语国际教育教学中的应用研究——以安徽省首届国际中文教育微
课大赛为例》，载《国际公关》2023 年第 5 期。

54. 傅海琳、赵宏：《后疫情时代国际中文教师的数字素养构建研究》，载《哈尔滨师范
大学社会科学学报》2022 年第 5 期。

55. 高皇伟：《国际中文教师教育的演进及特征》，载《河北师范大学学报（教育科学
版）》2022 年第 6 期。

56. 高静丽：《国际中文教育的混合式教学模式研究》，载《知识文库》2022 年第 24 期。

57. 高立平：《论国际中文教育语言和文化的双重建构》，载《上海交通大学学报（哲学
社会科学版）》2022 年第 3 期。

58. 高瑜：《国际理解教育与全球胜任力辨析》，载《四川教育》2021 年第 21 期。

59. 郜玉艳、闫菲：《新时代国际理解教育课程特征与实施路径》，载《教育科学论坛》
2022 年第 35 期。

60. 谷荣：《新时期国际中文教育推广途径研究》，载《兰州石化职业技术学院学报》
2023 年第 2 期。

61. 郭怀玉、林欣：《论国际中文教育发展的功能角色》，载《南阳理工学院学报》2022
年第 5 期。

62. 郭恺璇：《信息化时代国际中文教育路径探析》，载《教育信息化论坛》2021 年第

11 期。

63. 郭力铭：《论面向国际中文教育的中医语体语法教学——以中医汉语构式和话语方式为例》，载《现代语文》2023 年第 4 期。

64. 郭清丽、梁彦民：《国际中文教师汉字知识调查研究——以汉字构形理论为例》，载《云南师范大学学报（对外汉语教学与研究版）》2023 年第 2 期。

65. 韩丽颖：《深入理解价值观教育的中国特色和国际比较》，载《东北师大学报（哲学社会科学版）》2023 年第 2 期。

66. 何家欣：《国际中文教育视域下中国古典诗歌对外传播策略研究》，载《大众文艺》2023 年第 12 期。

67. 何齐宗、晏志伟：《全球视野的德育理念：目标、内容、策略及启示——基于联合国教科文组织教育文献的研究》，载《教育科学》2020 年第 6 期。

68. 何亚桃：《教育信息化背景下国际中文教师信息素养的提升路径》，载《中国军转民》2023 年第 6 期。

69. 胡晓晏、刘慧芳：《国际中文教育背景下中华文化国际传播新思考》，载《汉字文化》2022 年第 15 期。

70. 胡云晚：《国际中文教育之科技汉语研究四十年》，载《贵州师范大学学报（社会科学版）》2023 年第 3 期。

71. 黄海明、何明清：《非洲国际中文 OMO 教育视域下的职业教育人才培养模式研究》，载《中外企业文化》2023 年第 2 期。

72. 黄海鹏：《新时代大学生国际理解教育与爱国主义教育相统一的路径探究》，载《吉林省教育学院学报》2019 年第 11 期。

73. 黄锦：《国际中文教育中贵州地域文化课程体系的构建研究》，载《贵州开放大学学报》2022 年第 3 期。

74. 黄倩倩：《浅谈国际中文教育中以形声字为基础的汉字教学》，载《国家通用语言文字教学与研究》2023 年第 2 期。

75 王威：《自媒体短视频在国际中文教育中的创新应用研究》，载《文教资料》2022 年第 22 期。

76. 闻亭、刘晓海：《国际中文智慧教育视域下的教学设计》，载《语言教学与研究》2023 年第 4 期。

77. 邹佳佑：《"他者"视角下的中国故事与国际中文教育——以"歪果仁研究协会"为例》，载《国际公关》2023 年第 6 期。

78. Guskey Thomas R，Huberman Michael，*Professional Development in Education：Newpara-*

digms and Practices, Teachers College Press, 1995.

79. Education: EnduringQuestions in ChangingContexts. New York: Routledge, 2008.

80. KUNTER M, etal. , "Professional Competence of Teachers: Effects on Instructional Quality and Student Development", *Journal of Educational Psychology*, Vol 3, 2013.

81. Shulman L S. "Those Who Understand: Knowledge Growth in Teaching", *Education Researcher*, Vol. 2, 1986.

82. Crossman P L. , "*Teacher's Knowledge*", in *International Encyclopedia of Teaching and Teacher Education*, Cambridge University Press, 1995.

83. Mansilla V B, Wilson D. "What is Global Competence, and What Might It Look Like in Chinese Schools? ", *Journal of Research in International Education*, Vol. 1, No. 9, 2020.

84. Bastidas, A. J. A. , "The Teaching Portfolio: Tool to Become a Reflective Teacher", *English Teaching Forum*, Vol. 34, 1996.